이 책을 통해 ＿＿＿＿＿＿ 님께서 큰 부자가 되셨으면 좋겠습니다.

최승욱

"대부분의 사람이 가난하게 사는 가장 큰 이유는, '절약'이나 '저축'을 하지 못해서가 아니라, '적게 벌기' 때문입니다. 모두 덜 쓸 궁리만 하지, 더 벌 궁리를 하지 않아요."라고 말하는 저자는, 무엇보다 자신의 분야에서 '일의 달인'이 되는 것이 최우선이며, 업무적으로 성공을 하게 된다면 자신이 그리고 있는 '진짜 부자'에 더 이른 시간에 도달할 것이라고 확신한다. 또한, 재산을 늘리는 지름길은 바로 '본업을 통해 수입을 확대하는 것'인데, 모두 재테크에 너무 열을 올리는 등 '쉽게 돈을 벌 수 있다는 환상'에 빠져있다고 꼬집는다. 저자는 참을성 부족하고 무분별한 투자로 인해 인생의 위기에 봉착한 이 책의 주인공 홍미래 대리를 통해 재테크 및 투자에 대한 본질을 다시 생각해보게 하고, 세상이 아무리 변해도 결코 변하지 않는 '재테크 원칙과 법칙'을 재미있는 한 편의 소설로 전수한다. 재테크의 급소를 팍팍 짚어주는 저자의 소설적 글쓰기를 통해 현대인이 놓쳐서는 안 될 재테크의 철학과 개념까지 완벽하게 정리해주고 있어, 자신에게 처한 재정 상황, 그리고 사회 변화 속에서 자신의 위치 찾기 등을 뒤돌아 볼 수 있게 해준다.

현재 증권 커뮤니티 기업, 상TV(주) 대표로 재직 중이다. 상TV(주)는 동영상 증권정보 사이트(www.sangtv.co.kr)와 실시간 종목TV(동영상 라이브방송)를 함께 운영하고 있다. 아울러 최첨단 증권아카데미 교육장은 물론 시스템 개발 사업도 병행하고 있다. 특히 그동안 '상시스템', 'Bestez 보물상자', 'W-on보물상자', '오토매트릭스', 'MW리버스' 등 다수의 프리미엄 증권 시스템을 개발, 운영하고 있는데 그가 만든 HTS는 업계 최고 수준으로 평가받고 있다. 한편, 지난 7년간 자체 보유한 여의도 증권아카데미에서 배출한 제자가 1,400여 명을 넘었으며, 지금껏 대신증권, 우리투자증권 등 10여 개 증권사 임직원 대상 실전 트레이딩 교육을 맡아오면서 증권계의 영원한 사부로 통한다. 방송 부문에서는 증권 프로그램의 효시로 꼽히는 〈최승욱의 세력주 차트급소〉, 〈최승욱의 보물상자〉, 〈김미화 최승욱의 주식인생 대역전〉 등을 매일경제TV, 한국경제TV 등에서 진행하였으며, 특히 〈김미화 최승욱의 주식인생 대역전〉은 증권 프로그램 최고의 시청률을 기록하기도 했다. 그의 대표 저작으로는 《따블맨 이야기》, 《주식천재가 된 홍대리》, 《최승욱's 부자들의 배팅투자법》, 《초단타매매 고수따라하기》, 《실전 기술적분석 고수따라하기》, 《최승욱의 차트급소 공략법》, 《최승욱의 보물상자》, 《최승욱의 쌩초보 주식특강》 등이 있으며, 이들 모두 경제경영서 베스트셀러에 올랐을 정도로 풍부한 이론과 막강한 필력을 자랑한다.

33살, 마이너스 인생 탈출기

최승욱 지음

다선북

추천사

●

　이 책은 갈망하는 것이 많은 현대인에게 매우 한국적이면서 세계의 변화를 읽게 해주는 지식과 이론적 기술을 명쾌하면서도 설득력 있게 전해준다. 책을 읽기 시작하면 마지막 장까지 눈을 떼지 못할 만큼의 재미와 감동 그리고 힘이 느껴졌다. 그동안 재테크 관련 책들을 많이 읽었지만 그 어떤 책보다도 실전적인 방법을 구체적으로 거론한 것이 바로 이 책이지 않나 생각된다.

　이 책을 읽으면서, 금융인으로서 전문가임을 자처하는 나 자신도 주인공과 같은 생각, 같은 실패를 해 왔음을 인정할 수밖에 없었으며, 저자가 제시하는 대로 해야겠다는 생각을 했음을 솔직히 인정한다. 자녀들에게 이 책이 전하고자 하는 바를 나 또한 물려줘야 한다는 결심 역시 하게 된다.

강봉호 교보생명보험 경북지원단장 임원보

사람들은 물고기 잡는 법을 알기를 원한다. 그러나 그 과정이 결코 녹녹치 않기 때문에 대부분 포기하고 만다. 대신에 잡은 물고기를 쉽게 얻는 방법을 찾아 나선다. 그러나 오랜 시간이 흐른 후, 물고기를 얻는 것이 직접 잡는 것보다 더 힘들고 확률도 낮다는 사실을 깨우치게 된다. 그리곤 뒤늦게 직접 잡기 위해 발 벗고 나서게 된다. 제발 늦지 않았기를 빌면서 말이다.

직접 물고기를 잡기 위해선 다양한 정보를 얻어야 한다. 계절별로 어떤 포인트를 선정해야 하는지, 또 어떤 미끼를 사용해야 하는지, 심지어 챔질 타이밍까지 고려해야 한다.

그런 측면에서 이 책은 단순한 도구의 사용법을 넘어 왜 물고기를 직접 잡아야 하는지, 그동안 왜 물고기를 잡지 못했는지, 그리고 언제 어디서 어떻게 물고기를 잡을 수 있는지에 대한 선택의 철학까지 담았다. 참으로 많은 생각을 하게 하는 묘한 매력을 가진 책이다.

김영기 서교내과 병원장

2000년 들어 고령화 사회가 가속화되고 있다. 노후 생활과 가장 밀접한 국민연금 재원은 심각하게 고갈되고 있으며 우리의 노후는 순식간에 다가온다. 그렇다면 자신의 노후를 위해 실질 금리 마이너스 시대에 홍수처럼 쏟아지는 금융상품 중 과연 무엇부터 준비해야 할지 궁금하지 않을 수 없다.

저자는 이러한 문제를 고민하고 있는 새내기 직장인들에게 가뭄에 단비와도 같은 해답을 제시한다. 종자돈 마련에서부터 남보다 빠른 투자가 가져다주는 복리효과에 이르기까지….

누구나 쉽게 이해할 수 있도록 대화형 화법으로 풀어간 이 책은 사회에 첫발을 내딛는 직장인 새내기들에게 훌륭한 지침서가 될 것으로 확신한다. 그뿐만 아니라 경기침체로 인한 불황 속에서 시름에 잠기고 허리띠를 졸라매면서 직장생활을 하는 맞벌이부부, 특히 현실을 냉정하게 바라보면서 미래를 계획하는 현명한 여성들에게 현실 '재테크 감각'을 키워줄 것으로 본다. **남동교** 삼성생명 강남사업부 송파지역단장

글로벌 경기가 최악의 국면을 맞고 있는 요즘, 팍팍한 살림살이에 인플레이션까지 겹치자 자신의 미래를 심각하게 고민하는 사람이 늘고 있다. 물론 나도 포함된 얘기다. 그러던 차 다행스럽게도 미래를 위해 다양한 솔루션을 제시한 이 책을 만났다. 이 책은, '할아버지의 유산'이라는 소설적 구성을 통해 세월이 흘러도 결코 변하지 않는 재테크 법칙을 완벽하게 전수하고 있다. 저자의 깊은 통찰력과 힘 있는 전개가 놀라우면서 한편 부럽다. 시간의 '레버리지'에 적합한 20, 30대 새내기 직장인이 읽으면 딱 좋을 듯싶다. 항상 느끼지만 저자 최승욱의 글은 예상과 다른 곳으로 뛰쳐나가는 묘한 맛이 있다. 다음 책을 통해 다시 한 번 놀라고 싶다. **박종식** 한나라당 인천시당 사무부처장

이 책을 읽는 동안, 현재 내게 처해진 재정 상황, 그리고 사회 변화 속에서 나의 위치 등등 여러 가지를 뒤돌아 볼 수 있어서 참 좋았다. 이 책을 읽는 내내 소설 속의 주인공인 홍 대리처럼 현실에 안주하고 있다는 자괴감에 괴로웠으나, 책을 덮을 즈음 몇 가지 해답을 찾게 되어 무척 다행스러웠다.

'눈덩이는 긴 언덕에서 오랫동안 굴려라!'

시간은 기다리지 않는다는 것을, 항상 목표를 향해 굴러가야 한다는 것을, 그래야 미래가 보장된다는 것을 새삼 일깨워줬던 의미 있는 시간이어서 보람이 컸다.

이정수 신도리코 OA센타 대표

이 책을 읽고 있자니 과거 '한국비료' 주식을 처음 공모할 때 옛 서울은행 앞에 오랫동안 줄을 섰던 기억이 새롭다. 과거 '가난은 조금 불편한 것이 아니라 죄악이다.'라는 신념으로 본업과 주식투자를 병행하며 악착같이 살았다. 미수에 몰빵 투자도 해봤고, 증권사관학교를 다니기도 했다. 그런저런 지식이 쌓여 경영대학원에 다니기도 했다. 그래서 그런지 나의 과거를 떠올리게 하는 이 책이 무척이나 반갑다.

부자가 되는 길은 부자가 된 자화상을 그리는 것이다. 그리고 그 꿈을 위해서 묵묵히 제 길을 매진하는 것이 최선이다. 그런 맥락에서 성공에 관한 일관성 있는 방법과 구체적인 방향을 제시하는 이 책은 그래서 가치가 있다. 부디 저자의 모든 가르침을 겸허하게 받들어 모든 독자가 풍요로운 삶을 누리면서 행복한 노후를 맞길 진심으로 빈다.

이춘호 국제로타리클럽 남대문클럽 회장

부자가 되기 위해 노력하지 않는 사람이 있을까? 이 책은 미래의 큰 부를 위해 현재를 어떻게 살아야 하는지 그 해결책에 대해서 매우 자상하게 일러준다. 수십 권의 재테크 관련 책들을 읽었지만 해결책을 이 책처럼 구체적으로 제시한 책은 지금껏 없었다. 재미나 위트적인 측면에서도 단연코 이 책이 최고다. 부자는 노력만으로 도달할 수 없는 영역이란 것을 새삼 깨우쳐준 소중한 기회였다.

정봉상 VISION CI 대표

저자가 제시하고 있는 재테크의 원칙과 기법은 기본에 충실하면서도 요즘 세상을 살아가는 지혜를 꼭 짚어내는 발랄함이 살아 있다. 이 책에는 현대인이 놓쳐서는 안 될 재테크의 철학이 탁월하게 제시되어 있다. 특히 잔잔한 삶의 교훈을 주면서도 재테크의 급소를 팍팍 짚어내는 저자의 '소설적 글쓰기'는 이 책에서 쉽게 빠져나올 수 없게 하는 마력을 느끼게 한다.

조석장 파이낸셜뉴스 국제부장

인생 여정을 따라 휴먼다큐 한 편을 본 듯한 기분이다. 특히 딱딱한 이론으로 무장한 서술형태의 기존 서적들과 달리 소설형식으로 한 가

9

정의 유산 과정을 강한 메시지와 위트로 버무렸는데 이러한 점이 좋았다. 책을 읽는 내내 나와 주인공 '홍시우 대리'의 생각이 너무 닮았다는 것에 놀랐으며 평소 내가 몰랐던, 혹은 잘못 알고 있던 재테크의 개념을 바로 잡게 되어 책을 읽는 시간이 무척 소중했고 한편 행복했다.

특히 단순히 돈을 모으는 것에 한정되지 않고, 매 순간 삶의 갈림 길에서 올바르게 방향을 선택할 수 있도록 사고하는 능력을 준 점에 대해서 높은 점수를 주고 싶다. 아무튼 나를 비롯한 이 세상의 무수히 많은 홍 대리들에게 꼭 필요한 책을 펴낸 저자에게 그저 감사할 따름이다.

조용우 BL&KC 대표이사

어느 날 지인을 통해 이 책의 초고가 손에 들어왔다. 재테크에 문외한인 나에게 굳이 읽어보라며 던져주고 갔을 땐 분명 연유가 있으리라 생각하고 호기심에 책을 펼쳤다. 그로부터 지인이 왜 내게 이 책을 권했는지 깨우치기까지 채 1시간이 걸리지 않았다.

예술구에 가장 필요한 것이 유연성과 힘, 연속성 그리고 철학인데 놀랍게도 이 책에 이 모든 것이 고스란히 녹아 있었다. 정말이지, 이 책 이상의 완성도 높은 책을 앞으로 다시 만날 수 있을지 의문이 들 정도로 이 책의 깊이와 가치는 실로 대단하다.

조창섭 대한당구협회이사 예술구 프로선수

"노후의 자신에게 용돈을 줄 사람은,
바로 '젊은 시절의 자신'이다!"

이 책의 뒷부분에 '맨해튼 신사'라는 멘토가 분산투자에 대해서 설명하는 부분이 나옵니다. 거기에서 '맨해튼 신사'는 우리의 주인공 홍시우 대리에게 이런 말을 합니다.

"분산투자가 정말 중요하네. 골고루 분산투자를 하다 보면 특별히 이자나 수익률이 월등히 높은 계좌가 나올 걸세. 소위 대박이 하나 정도는 터지는 거지. 자네는 이 대박 계좌 하나 때문에 부자가 될 것이고. 지금은 이해가 안 되겠지만, 훗날 내가 말한 것이 현실로 나타나는 날이 분명히 올 것이네."

이 대목에서 분산투자의 효과에 대해서 구체적인 사례가 미흡한 것 같아 아무래도 설명을 미리 드리고 본론으로 들어가는 것이 좋을 것 같습니다. 짧게 설명을 드립니다. 분산투자의 가치는 이렇습니다.

먼저, 1천만 원을 연 5% 이자의 투자 상품에 30년 동안 묻어두면 대략 4,300만 원이 됩니다. 분산하지 않고 한곳에 집중해서 투자했을 때입니다.

이번에는 1천만 원을 하나의 투자 대상에만 넣지 않고 분산투자를 했을 때 어떤 결과가 나오는지 알아보겠습니다. 일단 1천만 원을 세 개의 계좌로 나누겠습니다. 3백만 원, 3백만 원, 4백만 원 이렇게 세 등분해서 각기 다른 투자 대상에 분산투자 하겠습니다.

이제 결과를 보도록 하겠습니다. 먼저, 첫 번째 3백만 원은 운이 나빴습니다. 주식에 투자했다가 원금을 몽땅 날려버렸습니다. 두 번째 3백만 원은 장기 보험 상품에 넣었다가 겨우 본전을 회복했습니다. 30년을 부어서 본전입니다. 실망이 큽니다. 그러나 마지막 4백만 원은 펀드에 넣었는데 운이 좋았는지 연 12%의 수익이 꾸준히 발생했습니다.

이제 계산을 할 차례입니다.
앞서 분산투자를 하지 않고 하나의 상품에 1천만 원을 몽땅 투자해서 연 5% 이자를 받았을 때 총 투자금은 4,300만 원으로 불어난다고 했습니다. 그러면 세 개의 계좌로 분산투자했을 때, 같은 기간에 과연 얼마로 불어나 있을까요? 부디 놀라지 마세요. 처음의 1천만 원은, 30년 후 무려 1억 2천만 원으로 크게 불어나 있을 테니까요. 앞서 분산투자한 두 개의 계좌에서 손실을 보았지만 마지막 계좌에서 연 12%의 수익이 나며 효자 노릇을 톡톡히 한 겁니다. 자, 어떻습니까. 대단하지 않나요? 하나의 상품에 '몰빵'한 것과 비교해서 초과 수익만 거의 8천만 원이 넘었으니 말이에요. 이렇듯 분산투자를 하다 보면 기대 이상으로 크게 수익이 나는 계좌가 나오고 이것이 전체 수익률을 끌어올리게 됩니다. 바로 이 점이 분산투자의 최대 가치입니다.

'보도 섀퍼'가 쓴 『보도 섀퍼의 돈』이란 책을 읽어보면 앞 사례와 같은 맥락의 얘기가 나옵니다. 내용은 이렇습니다.

'당신이 1억 원의 돈을 30년 내내 7% 이자가 나오는 기관에 몽땅 맡겼을 때, 30년 후 받게 될 돈은 무려 7억 6천만 원이나 된다. 실로 엄청난 금액이다. 그럼 이번에는 그 1억 원을 2천만 원씩 5개로 나누어 각각 다른 곳에 투자했다고 가정하자. 그중 한곳에 투자한 2천만 원은 완전히 날리고, 두 번째는 겨우 본전을 기록했다. 여기까지는 정말 형편없는 투자가 아닐 수 없다. 간신히 세 번째 계좌에서 7% 수익을 올렸다. 처음으로 평균 수익률에 근접한 것이 하나 나왔다. 네 번째는 12%, 그리고 다섯 번째에 가서야 16%의 제법 높은 수익을 올렸다. 자, 그렇다면 전체 합산 수익률은 과연 얼마가 될까?'

결론만 말씀드리겠습니다. 마지막 다섯 번째에 투자한 단 하나의 계좌에서만 무려 17억 원이 넘는 수익이 발생합니다. 나머지 네 개의 투자 계정을 제외해도 7%에 '몰빵'했을 때의 7억 6천만 원보다 두 배가 훨씬 넘는 액수입니다. 자 어떻습니까. 정말 놀랍지 않나요?

자, 이제 분산투자의 효과가 얼마나 큰지 이해했으리라 믿습니다. 여기에서 우리가 배워야 할 것은 분산투자는 무조건 투자금을 잘게 쪼개는 것이 아니라, 안정 자산과 위험 자산을 병행해서 동시에 투자하라는 것입니다. 분산했으면 일부 계좌는 리스크를 안고 다소 공격적인 투자를 하는 것이 유리하다는 얘기입니다. '맨해튼 신사'가 주장하는 것도 같은 맥락입니다. 안전한 투자 상품만 고집하지 말라는 그런 메시지이죠. 때로는 분산투자한 것 중에 한두 계좌를 몽땅 날리더라도 크게 먹는 투자 대상이 나와야 성공합니다. 위험을 분산해서 투자액을 몽땅 날리지 않으면서도 한편 대박을 터트릴 가능성을 한층 높이는 것! 이것이 투자를 통해 부자가 되는 비밀입니다. 자, 이제 아셨죠?

책의 내용을 간략히 소개합니다.

이 책에는 세 명의 재테크 멘토들이 등장합니다. 세 사람 모두 이미 부자가 된 사람들입니다. 그들은 재테크 초보인 우리의 주인공, 홍 대리를 위해 자신만의 부자 공식을 자상하게 알려줍니다. 그런데 이들의 성공 스토리를 들어보면 세 사람 모두 달라도 너무 다릅니다. 인생이 엉망으로 꼬여 있는 우리의 홍 대리, 과연 어떤 선택을 통해 자신의 문제들을 풀어갈까요?

첫 번째 등장하는 멘토는 '우직한'입니다.

그는 '저축의 멘토'입니다. 평생을 절약과 저축만으로 큰 부를 이룬 입지전적인 인물입니다. 그는 홍 대리에게 저축은 가장 쉬운 일이며, 저축보다 더 빨리 부자가 될 방법은 결코 없다고 역설합니다. 평소 낭비벽이 심한 홍 대리, 절약과 저축을 통해 종자돈을 어떻게 모으는지 그를 통해 제대로 배우게 됩니다. 그러나 과거 고금리 시대에서나 가능했던 '우직한'의 부자 공식은 지금의 저금리, 고물가 시대에 별 효과가 없다는 생각에 홍 대리는 혼란에 빠집니다.

두 번째 멘토는 '맨해튼 신사'입니다.

그는 '복리 멘토'입니다. 젊은 시절, 미국 맨해튼으로 건너가 복리의 마법을 통해 크게 성공한 인물입니다. 홍 대리는 그를 통해 소액의 종자돈도 시간의 레버리지와 결합하면 엄청난 부로 불어난다는 것을 생생하게 체험합니다. 다가올 미래는 생각보다 너무 빨리 당도하기 때문에 사람들은 현재보다는 미래를 위해서 살아야 한다는 그의 말에 홍 대리는 크게 공감합니다. 특히 "노후의 자신에게 용돈을 줄 사람은 바로 젊은 시절의 자신이다!"라는 그의 말에 공감하고 먼 미래의 늙은 자신을 위해 노후보장 상품에 가입합니다. 그러나 한참 젊은 그에게 미래를 위한 장기 투자는 무척 멀기만 합니다.

마지막으로 등장하는 인물은 중소기업체 사장인 '명장'입니다.

그는 '일의 멘토'입니다. 재테크 실패로 침울해 있던 홍 대리에게, 노후를 위해 돈을 불리는 것은 아내에게 맡기고 남자는 '일의 달인'이 되는 것이 우선이라며 업무적으로 성공할 것을 주문합니다. '명장'은 대부분의 사람이 가난하게 사는 가장 큰 이유를, 절약이나 저축이 아니라 '적게 벌기 때문'이라고 단정을 짓습니다. 모두 덜 쓸 궁리만 하지 더 벌 궁리를 하지 않는다는 것입니다. 결국, 재산을 늘리는 지름길은 바로 '본업을 통해 수입을 확대하는 것'인데 모두 재테크에 너무 열을 올린다는 겁니다. 아무튼, 그의 철학에 공감한 홍 대리는 그때부터 '업무의 달인'이 되고자 자신을 단련하기 시작합니다.

한편, 이들 세 명의 멘토와 함께 참을성 부족한 홍 대리를 재테크 천재로 탈바꿈시키는 데 결정적인 역할을 하는 두 명의 멘토가 더 있습니다. 도대체 그들이 누구냐고요? 아무래도 그들의 존재는 직접 책을 읽으면서 만나보는 것이 좋겠습니다. 단 몇 줄로 그들의 존재를 설명하기가 만만치 않을 것 같아서 말입니다.

자, 이제 이들 다섯 명의 멘토를 통해 홍 대리가 어떻게 재테크 천재가 되는지, 그리고 그들의 성공 방정식은 과연 무엇인지 지금부터 그들을 직접 만나보도록 하겠습니다.

차 례

재태크 불변의 법칙

홍미래 33세. 조명회사 대리이자 이 책의 주인공이다. 입사 5년차이지만 방만한 생활로 인해 빚만 잔뜩 진 상태다. 다행히 '할아버지 유산' 덕분에 부의 원리를 터득한다. 그러나 세상은 그리 호락호락하지 않은 법, 이후 여러 차례 좌절을 겪게 된다.

아버지 어린 시절 사고로 성장이 멈춘 주인공의 아버지. 과거 중학생의 어린 아들 홍미래에게 힘든 식당일을 시킬 정도로 모진 아버지이지만 훗날 아들이 성장하자 아들 명의의 장기보험 통장을 내 놓는다.

우직한 본명은 우지한. 아버지의 오랜 친구이다. 할아버지의 첫 번째 유산을 이용해서 큰 부자가 되지만, 최근의 저금리 시대에 맞지 않는 투자법이라며 맨해튼 신사에게 핀잔을 듣는다. 주인공 홍 대리는 그를 통해 절약과 저축의 필요성에 대해서 배운다.

맨해튼 신사 아버지의 오랜 친구. 한국에서 실패하고 미국 맨해튼으로 넘어가 크게 성공한다. 안전 자산과 위험자산으로 포트폴리오를 구성한 것이 성공의 배경이 된다. 홍미래는 그를 통해 '복리의 마법'에 대해서 배운다.

명장 아버지의 오랜 친구. 일찍이 기술자로 나서서 명장의 반열에 오르고, 현재 종업원 100명이 넘는 공장을 운영한다. 홍 대리에게 재테크에 시간을 뺏기느니 '일의 달인'이 되는 것이 우선이라고 조언한다.

오설희 홍미래의 아내. 미래의 과소비와 무리한 투자로 인해 빚이 늘어나자 둘 사이에 갈등이 깊어진다. 하지만 꼼꼼하고 조심성 많은 성격이라 훗날 노후에 대한 준비를 전적으로 맡게 된다. 덕분에 홍 대리는 '일의 달인'이 되기 위해 본업에 충실할 수 있게 된다.

손강호 홍 대리의 직장상사. 만년 과장으로서 명예퇴직을 신청한 상태이다. 홍 대리의 재정 설계를 맡지만 장기 보험에 대한 인식차이로 약간의 갈등을 겪는다. 미래의 마지막 멘토이자 의리남이다.

김교만 홍 대리의 직장상사이자 부서 팀장이다. 자신이 속한 팀의 실적이 부진하자 부서원들을 닦달한다.

그 외…

할아버지의 유산

"엄마! 거인 눈사람이 왔어!"

산등성이 사이로 비치는 햇살이 따사롭게 느껴지는 아침, 아이들의 자지러지는 괴성에 홍미래는 힘들게 눈을 떴다.

'왜 이렇게 소란스러워!'

미래는 투덜거리며 커튼을 거칠게 밀쳤다. 아이들은 강아지처럼 이곳저곳으로 뛰어다녔다. 커다란 창문 너머 뒷마당에는 삼삼오오 사람들이 모여 있었고 모두 한곳을 가리켰다.

"아니, 저게 뭐야?"

"그러게 귀신이 곡할 노릇이네."

미래는 소리치는 사람들의 시선을 따라 고개를 돌렸다. 순간 자신의 눈을 의심했다. 헉하는 외마디 비명이 터졌다.

'저, 저게 뭐야!'

집채 크기의 눈 덩이들이 개울 너머 공터에 듬성듬성 흩어져 있었다.

밤사이 눈사태라도 난 것일까? 미래는 아버지를 찾았다.

"아버지! 밤사이 눈사태가 났었나 봐요."

아버지의 인기척이 없자 미래는 옷을 입고 밖으로 뛰쳐나갔다.

개울 너머 공터에는 스무 개도 넘는 큰 눈 뭉치가 흩어져 있었다. 어떤 것은 어른 키를 훌쩍 넘기는 것도 있었다. 펜션 마당에 모여 있던 몇 명의 사람이 언덕 위를 가리켰다.

"아니, 여보! 저 사람, 어제저녁에 보았던 그 난쟁이 아니에요?"

숄을 걸치고 있던 중년 부인이 말했다.

손바닥으로 햇살을 가리며 언덕 위를 바라보던 남자가 맞장구를 쳤다.

"맞아! 그 난쟁이네. 저 양반 짓인가 보네."

미래는 혹시나 하고 언덕 위를 봤다. 역시나 거기엔 아버지가 우스꽝스러운 몰골로 서 있었다. 미래의 표정엔 원망스러움이 가득했다. 한참 동안 아버지를 노려보던 미래는 까칠한 턱수염을 한 번 쓰다듬고는 천천히 개울 쪽으로 발걸음을 옮겼다. 개울은 어른 키 정도의 넓이였고 앙증맞은 징검돌 두어 개가 얼음 위로 솟아 있었다.

미래는 단숨에 개울을 뛰어넘었다. 빈 공터에 발을 딛자 눈이 발목까지 찼다. 미래는 무슨 영문인지 눈을 뭉쳐 굴리기 시작했다. 그를 주시하던 주변의 사람들이 미래가 눈 뭉치를 굴리자 긴장을 풀고 웅성거렸다.

그때였다. 어른들 틈에 끼어 있던 아이들이 개울을 건너왔다. 아이들은 발목까지 빠지는 눈이 신기한지 괴성을 질러대며 눈밭에 몸을 굴렸다. 뒤이어 건너온 아이들까지 합세해서 손으로 눈가루를 흩뿌리며 눈싸움을 했다.

그중에 한 아이가 미래의 곁으로 다가왔다. 호기심 가득한 눈길로 바라보다가 미래를 따라 눈을 굴렸다.

머뭇거리던 어른들도 앞서거니 뒤서거니 개울을 건너왔다.

조금 전의 냉랭한 분위기는 온데간데없이 사라졌다. 어른들도, 아이들도 눈 놀이에 한참 취했다. 미래는 눈사람을 만들며 즐거워하는 사람들 틈에서 언덕 위를 응시했다. 아버지는 춥지도 않은지 여전히 미동도 없었다. 시간이 지나면서 크고 작은 눈사람이 뒷마당에 가득 찼다. 점심때가 다가오고 있었다. 그때 누군가가 소리쳤다.

"우리 힘을 합쳐서 이 눈 뭉치를 저쪽에다가 한번 올려봅시다. 아마 기네스북에 오를 정도로 큰 눈사람이 되지 않을까요?"

중년의 사내가 가리킨 눈 뭉치는 어른 키를 넘었다. 그 옆에 허리만큼 오는 눈 뭉치로 사람들이 몰려갔다.

어떤 이는 큰 눈 뭉치 위에 올라가 받을 준비를 했고 몇몇은 작은 눈 뭉치를 들어 올렸다. 잠시 후 거대한 눈사람이 완성되었다. 점심때가 될 때까지 뒷마당에는 어른 키보다 훨씬 큰 눈사람이 열 개 이상 만들어졌다.

누군가가 카메라를 들고 소리쳤다.

"자, 자. 기네스북감 눈사람입니다. 모두 나란히 서 주세요."

서먹서먹했던 사람들이 한 식구처럼 정답게 자세를 취했다. 아이들을 앞으로 세운 채 모두 환하게 웃었다.

"하하하, 이건 뭐 이스터 섬에 단체로 여행을 온 기분이네."

카메라를 넘겨받은 미래는 사진을 찍다 말고 언덕 위를 바라봤다. 아버지가 이쪽을 보며 연방 손짓을 하고 있었다. 오늘따라 아버지의 행동은 무척 낯설었다.

"바로 이곳이란다."

아버지는 발걸음을 멈추고 거친 숨을 몰아쉬었다. 아버지 옆에는 어른 키보다 조금 큰 소나무가 한 그루 서 있었다. 햇살은 눈부셨고 바람 소리는 거셌다.

미래는 소나무를 중심으로 사방을 둘러보았다. 보이는 것은 모두 순백의 눈이었다. 발아래에 완만한 언덕이 길게 뻗어 있었고 눈으로 덮여 눈이 부셨다. 그 끝에 자신이 묵는 펜션이 자리 잡고 있었다.

"꼭 40년 전이구나. 네 할아버지가 이 자리에 섰던 것이."

아버지의 목소리는 살짝 떨렸다. 눈빛은 산등성이 너머 먼 곳을 향했다.

"이 자리에서 네 할아버지는 내게 평생을 살아갈 유산을 물려주셨지."

"네? 유산이라고요?"

미래는 고개를 갸우뚱거렸다.

"어머니 살아 계실 때 말씀으로는, 젓가락 두 짝, 숟가락 두 짝만 갖고 시작했다던데요?"

고개를 끄덕이던 아버지가 담담하게 말했다.

"네 어머니가 고생이 참 많았지. 젊은 시절, 가난한 데다가 장애까지 있는 나에게 시집와서 고생만 하다가 갔으니……."

아버지는 말을 잇지 못했다.

"아버지, 그런데 갑자기 할아버지 유산이라니요?"

"응, 유산이 있었지. 위대한 유산! 그런데 할아버지가 물려주신 유산은 네가 생각하는 그런 재물이 아니었단다. 그건 삶의 지혜이자 성공의 비밀이었던 거야. 나는 네 할아버지한테서 평생을 살아갈 밑천을 40년 전 여기, 바로 이 장소에서 받았단다."

미래는 아버지를 향해 고개를 돌렸다. 어린애보다 작은 키의 아버지가 자신을 올려다보고 있었다. 어린 시절, 사고로 말미암아 일찌감치 성장이 멈춘 아버지였다.

"오늘, 나도 너에게 유산을 물려주려고 한다. 40년 전 네 할아버지가 내게 물려주셨던 것처럼 똑같이 말이지."

미래는 어리둥절한 표정으로 물었다.

"무얼요?"

미래는 마뜩하지 않은 표정으로 아버지를 봤다. 아침부터 눈사람을 만드느라 홍역을 치른 뒤였다. 서둘러 서울로 돌아갔으면 하는 마음뿐이었다. 여기까지 아버지를 따라온 것도 '할아버지의 유산'에 대한 실낱같은 기대 때문이었다.

아버지는 미래의 뚱한 표정에도 아랑곳하지 않고 주변을 감개무량한 듯 찬찬히 둘러봤다. 잠시 후, 아버지가 손으로 눈을 한 움큼 쥐더니 미래에게 보였다.

"얘야, 이게 뭐냐?"

"네? 아버지도 참⋯⋯."

"뭐냐고 지금 묻고 있지 않느냐?"

"⋯⋯눈이오."

아버지는 고개를 한 번 끄덕이더니 이번에는 눈을 두 손으로 꼭꼭 뭉쳤다. 잠시 후 윤이 반질반질 나는 작은 눈 뭉치가 만들어졌다. 아버지는 눈 뭉치를 높이 들어 미래의 얼굴에 바짝 들이댔다.

"이건?"

"⋯⋯눈 뭉치요."

아버지는 흡족한 듯 고개를 몇 번 끄덕였다. 이어서 허리를 숙여 왼손에 흰 눈을 한 움큼 쥐고, 다른 한 손에 단단하게 뭉친 눈 뭉치를 들었다. 아버지는 두 손을 미래 앞으로 쑥 내밀며 물었다.

"그래, 맞았다. 자, 질문은 지금부터다. 그러면 둘 중에 어떤 것이 잘 녹고, 어떤 것이 잘 녹지 않겠니?"

미래는 어이없다는 듯 거칠게 말을 뱉었다.

"아니, 아버지! 지금 저랑 장난하시고 싶은 거예요?"

"이놈아, 장난이라니! 난 지금 무척 진지한 거야. 자, 잘 봐둬라. 여기에 바로 할아버지의 유산이자 성공의 비밀이 있으니까."

'눈 뭉치에 할아버지의 유산이 있다고?' 미래는 아버지의 장난에 속았다는 생각에 허탈하게 웃었다.

이틀 전, 가불 문제로 경리과 아가씨와 승강이를 벌이던 차에 미래는 아버지의 문자를 받았다. '할아버지의 유산'을 물려주겠다는 내용이었다. 유산이라는 말에 금전적으로 곤경에 처해 있던 미래는 뒤도 돌아보지 않고 이곳 펜션에 도달했다. 그러나 하룻밤이 지나도, 뒷마당에 굴러온 거대한 눈 뭉치로 한바탕 소란을 치른 후에도, '할아버지의 유산'에 대한 언급은 일절 없었다. 그러더니 지금 겨우 유산이라고 내놓은 것이 눈 뭉치라니!

"아버지! 정말……."

"가만, 가만. 이제 거의 다 됐다. 잠시만 기다려라."

안절부절못하는 아들을 제지하며 아버지는 자신의 손을 응시했다. 한참이 지나서야 아버지는 흡족한 표정을 짓더니 미래를 돌아봤다.

"자, 어떠냐?"

아버지의 왼손에선 눈이 녹아서 손가락을 타고 뚝뚝 떨어졌다. 아버지는 눈이 녹아내린 왼손을 툭툭 털고 나더니 오른손에 든 반질반질한 눈 뭉치를 미래 손에 꼭 쥐어줬다. 그러더니 차분하게 입을 열었다.

"눈가루가 녹기 전에 눈을 뭉쳐라!"

"네?"

"손안에 들어온 눈가루는 뭉치지 않으면 잠시 후 흔적도 없이 녹아내릴 뿐이지. 조금 전에 보지 않았니?"

"아니, 그걸 모르는 사람이 어디 있어요."

"예끼 이놈아! 그렇게 잘 아는 놈이 지금 요 모양 요 꼴이냐?"

"아버지도 참. 아니, 제가 어때서요?"

미래는 아버지의 의도가 다른 곳에 있었음을 알았으면서도 대답을 퉁명스럽게 했다.

아버지는 미래의 불손한 태도에 아랑곳하지 않고 말을 계속했다.

"손안의 눈을 잃지 않으려면 최대한 단단하게 뭉쳐야 하지. 최대한 빠르게 눈 뭉치로 만들어야 사라지지 않게 되는 거야."

"……."

"원하는 것이 손에 들어오면 반드시 뭉쳐야 한다는 그런 얘기다. 알겠느냐?"

미래는 말없이 고개를 끄덕였다.

"아들아! 돈도 마찬가지란다. 돈, 그것도 푼돈은 쉽게 녹아버리는 눈과 같아. 액수가 작은 푼돈일수록 허투루 생각하고 뭉칠 생각을 하지 않는 법이지. 손안의 눈은 그렇게 오래 기다려주지 않음을 기억해야 한다. 그래서 녹기 전에, 정성을 다해서 눈을 뭉쳐야 하는 것이고. 자, 이제 이해되었느냐? 이것이 바로 너의 할아버지가 남겨주신 첫 번째 유산이란다."

"후후후, 예상대로 조금 싱겁네요. 그런데 돈도 마찬가지라고요?"

"그럼, 돈의 속성도 다 같은 거란다. 사람에게 푼돈은 녹아서 사라지는 눈과 같은 것이지. 푼돈은 물과 같아서 조금만 방심하면 사람 손을 쉽게 빠져나가고 말거든. 우리는 이 푼돈이 도망치기 전에 단단하게 뭉쳐야 하지. 눈이 녹아서 사라지기 전에 눈 뭉치를 만들듯이 말이야."

"할아버지의 유산은, 그러니까 푼돈을 낭비하지 말고 종자돈으로 키우라는 뭐 그런 말씀이시군요?"

"허허허, 역시 할아버지의 유산은 효험이 있구나. 금방 알아듣다니. 아들아, 부자와 빈자의 차이를 결정하는 것은 무엇에 있다고 생각하니?"

"글쎄요……. 아 하, 알겠어요. 푼돈을 종자돈으로 만드는 사람은 부자가 되고, 푼돈을 쉽게 쓰는 사람은 빈자가 된다, 뭐 이런 말씀이시죠?"

"허허허, 역시 그 할아버지에 그 손자답구나. 그렇단다. 눈을 뭉치는 사람이 있고, 눈을 녹게 내버려두는 사람이 있듯이 우리 주변엔 항상 큰돈만 좇으면서 정작 푼돈은 쉽게 낭비하는 사람이 너무 많단다."

미래는 자신을 가리키는 것 같아서 가슴이 뜨끔했다. 미래는 머리를 긁적이며 말했다.

"아버지, 저를 말씀하시는 거 같아요. 제가 딱 그랬으니까요."

"어디 너만 그렇겠냐. 대부분의 사람이 푼돈 관리에 실패하면서 큰돈을 벌 기회까지 날려버리는 거지. 푼돈을 한 번만 뭉치면 종자돈이 되는데도 말이야. 아들아! 이번 기회에 나랑 약속 하나 해주겠니?"

"무슨 약속이오?"

"앞으로 살다 보면 돈을 쓰고 싶을 때가 너무 많을 것이다. 그럴 때마다 '이건 눈이다! 눈은 뭉치지 않으면 녹아서 사라진다!' 이렇게 자기 최면을 걸어주라는 얘기다. 어떠냐? 이 아비의 부탁, 들어줄 수 있겠느냐?"

"후후, 어려운 것도 아닌데요, 뭘. 알았어요, 앞으로 돈이 손에 들어올 때마다 '눈 뭉치'만 생각할게요. 약속드립니다. 자, 이제 됐죠?"

"눈 뭉치라? 허허허. 그래, 그렇게 생각하면 평생 잊어버리진 않겠구나. 자, 그럼 할아버지의 첫 번째 유산은 확실하게 전수한 것 같고, 이제 두 번째 유산으로 넘어가 볼까?"

"네, 좋아요. 할아버지 유산이 물질적인 것이 아니라 다소 실망스 럽기는 하지만, 한편 가만히 생각해보니 제 인생에 많은 도움이 될 거 같네요."

처음 펜션에 도착했을 때만 해도 할아버지 유산에 대해 내심 기대 가 컸던 미래였다. 그러나 이제 유산에 대해 단념하고 나니 마음이 편했다.

"아버지, 바람이 차고 날이 자꾸 추워 오는데 두 번째 유산에 대해 서 빨리 말씀해 주시죠?"

미래가 추운지 어깨를 움츠리며 말했다. 아버지는 대답 대신에 허 리를 숙여 눈을 뭉치기 시작했다.

"미래야! 나랑 눈 뭉치 크게 굴리기, 시합 한번 할까?"

아버지는 말을 마치더니 신속하게 눈을 굴리기 시작했다. 미래는 잠시 아버지를 지켜보다가 허리를 굽혀 눈을 뭉치기 시작했다.

"내기요? 까짓 거 좋습니다. 그러면 지는 사람 오늘 저녁밥 짓기입 니다."

"오케이! 설거지까지다!"

미래와 아버지는 대화도 잊은 채 한참 동안 눈 뭉치를 만들었다. 30분여, 땀을 뻘뻘 흘리며 눈을 굴리던 미래는 잠시 아버지를 돌아봤 다. 아버지는 여전히 작은 눈 뭉치를 들고 끙끙거리고 있었다. 미래는

크게 웃으며 소리쳤다.

"하하하, 아버지 겨우 그 정도예요?"

미래의 눈 뭉치는 자신의 가슴께에 다다를 정도로 컸다. 허리를 펴는 아버지 손에 들려진 눈 뭉치는 축구공보다 작았다. 미래는 자신의 눈 뭉치를 보며 득의양양한 미소를 지었다.

"그놈, 으스대기는. 자, 또 간다!"

아버지는 말을 마치자, 축구공 크기의 눈 뭉치를 거침없이 언덕 아래로 굴렸다.

"엥? 아버지, 지금 뭐 하시는 거예요?"

"뭐하기는 이놈아! 잔말 말고 저 밑이나 잘 보아라."

아버지가 가리킨 언덕을 내려다보던 미래는 헉하고 외마디 소리를 질렀다. 언덕에는 각기 다른 크기의 눈 뭉치 일곱 개가 간격을 두고 천천히 굴러 가고 있었다. 이제 막 아버지 손에서 벗어난 눈 뭉치도 있었고, 언덕의 절반 이상을 굴러간 큰 눈 뭉치도 있었다. 처음 보는 진기한 장면에 미래는 얼이 빠진 듯 내려다봤다. 정말 장관이 아닐 수 없었다. 가장 아래쪽에 굴러 가는 눈 뭉치는 미래의 것보다 서너 배는 컸다. 중간쯤에 있는 것도 미래가 만든 것보다는 컸다.

"와, 어떻게 이런 일이?"

"이놈아! 오늘 밥 당번은 너다!"

미래는 한동안 넋이 나간 듯 꼼짝을 할 수가 없었다.

'아, 어떻게 이런 일이.' 미래는 계속해서 커지고 있는 눈 뭉치들을 보자 가슴 저 밑에서 뜨거운 것이 솟아올랐다.

"아버지…… 정말, 감동입니다."

"허허, 녀석. 감동은……."

"아버지도 오늘따라 갑자기 대단해 보이시고. 아무튼, 할아버지의 두 번째 유산이 이제 뭔지 알 것 같아요. 정말이에요."

미래는 연방 머리를 끄덕였다. 가슴이 벅차올라 심호흡을 했다. 미래는 언덕을 굴러 가는 눈 뭉치에 시선을 떼지 못했다.

"얘야, 똑똑히 봤느냐? 지금 네가 본 것이 바로 할아버지의 두 번째 유산이란다."

"네, 아버지. 평생 잊지 못할 장면이었어요. 할아버지의 두 번째 유산, 눈 뭉치는 언덕에서 굴려라! 맞죠? 아버지, 정말 기발하면서도 한편으로 가슴이 찡할 정도로 감동적이네요."

"허허허, 너한테 이런 감성적인 면이 있다니 놀랍구나. 아무튼, 할아버지는 단단하게 뭉친 눈 뭉치라도 그냥 갖고 있으면 언젠가는 녹아서 사라진다며, 반드시 언덕에서 굴려 크게 키우라고 거듭거듭 강조하셨단다."

"언덕에서 굴려 크게 키워라! 네, 바로 그거네요. 저처럼 평지에 굴려봐야 힘만 많이 들겠죠. 게다가 절대 크게 키울 수도 없을 것이고."

"허허허, 그렇단다. 돈도 마찬가지란다. 장롱 속에 묻어놓는 식의 저축이라면 평지의 눈밭에다가 눈 뭉치를 굴리는 것과 다를 바가 전혀 없겠지."

"맞는 말씀이세요. 그런데 저축은 원래 위험하게 굴리는 것보다 안전하게 모으는 게 맞지 않나요? 큰 욕심 부리지 않고 말이에요."

"하하, 그래 맞는 얘기이긴 하다. 그러나 두 번째 유산이 주는 교훈은, 굴리지 않으면 녹아 사라지는 눈처럼 돈이란 것이 저축만으로는 원래의 가치를 유지하지 못한다는 거다. 다시 말해 저축해서 붙는 이자가 물가 상승률보다 낮다면 눈이 녹는 것과 다를 바 없다는 얘기지."

"네, 맞는 말씀이시네요."

"미래야, 과거의 자장면 값이 얼마였는지 한번 맞춰볼 테냐?"

"과거라면, 언제 적 말씀이에요?"

"음, 너를 처음 중국집에 데려간 것이 아마도 여섯 살인가 일곱 살인가 했을 때였을 게다. 그러니까 그때 정도로 하자구나."

미래는 자신의 어릴 적 얘기가 나오니까 신기한 듯 눈을 반짝였다.

"제가 그때도 자장면을 좋아했었나요?"

"암 좋아했다마다. 너무 좋아해서 탈이었지. 이 아비한테 우리도 중국집 하자고 수시로 보챘을 정도였으니 말이다. 그건 그렇고, 그때 자장면 값이 아마 4백 원인가 했을 거다. 4백 원! 지금 물가로 보면 거의 공짜와 다를 바 없었지. 그런데 지금 자장면 값이 얼마 정도지?"

"음, 4천 원을 하는 데도 있지만, 보통은 3천5백 원 정도 받을 거예요."

"그래? 그렇다면, 네 나이가 서른이니까 대략 23년 동안 아홉 배 가까이 오른 셈이 되는구나. 그런데 말이다. 만약에 네가 훗날 어른이 되어서 자장면을 사 먹으려고 과거에 4백 원을 모아뒀다면 과연 어떻게 되었을까? 23년 전에 말이다."

미래는 어이없다는 듯 가볍게 웃었다.

"후후후, 그 돈으로는 자장면 못 먹죠."

가볍게 따라 웃던 아버지가 말을 계속했다.

"이번에는 당시의 4백 원을 돼지 저금통에 넣어두지 않고 은행에 넣었다고 생각하고 계산해 보자구나. 대략 연 수익률이 5% 정도로 가정하고 말이다. 그랬을 때, 23년 전의 4백 원은 지금 얼마로 바뀌었을까?"

미래는 머릿속으로 계산해 보려는지 미간을 찡그렸다. 그러나 이내 포기했다.

"글쎄요, 한 5천 원? 아니면 만 원?"

"뭐라고? 만 원? 허허허, 믿기지 않겠지만 23년 전의 4백 원은 지금 9백 원이 채 안 된단다."

"네? 9백 원이오?"

　미래는 허탈한 듯 한숨을 쉬었다. '23년 동안 저축해서 겨우 2배 정도라고?' 평소 저축에 대한 기대치가 와르르 무너졌다.

　"수익률이 너무 보잘것없네요. 그동안 은행만 바라보고 23년을 기다렸던 사람이라면, 정말 억울하겠는데요."

　미래는 안타깝다는 듯 혀를 차며 말했다.

　"그렇지, 이런 식의 은행 저축이 바로 평지에서 눈 뭉치를 굴린 것과 같은 무의미한 투자이지. 사실 물가 상승률까지 고려한다면 평지에서 눈을 굴린 것이 아니라 언덕 위를 거꾸로 눈을 굴려 올린 것과 같은 상황으로 봐야 할 거야. 고생하며 굴려봐야 눈 뭉치는 절대 커지지 않게 되지."

　"정말 자장면 값을 생각하니까 아버지 말씀에 100% 공감되네요. 결국, 눈 뭉치를 키우려면 언덕에서 굴리는 방법 외에는 없는 거네요."

　"그렇단다. 돈을 불리는 요령도 같은 맥락이고. 세월만큼 물가를 따라잡으려면 결코 은행의 저축 이자로는 불가능한 것이지."

　"그러면 어떤 방법이 있나요?"

　"응, 그래서 미래를 위한 목돈은 예금 같은 단리 상품을 피해야 하는 거야."

　"아하, 결론은 복리라는 것이죠? 목돈을 불리려면 복리 상품을 이용하라는 것이 말씀의 요지시네요."

　"그래, 정확히 맞췄단다. 눈 뭉치는 언덕에서 굴려야 하듯이, 목돈

은 복리 상품에 넣어야 시간에 따른 자산 가치의 손실을 막을 수 있
단다.”

“시간에 따른 자산 가치의 손실?”

“쉽게 말해서 물가 상승률이지. 만약 은행 이자가 연 4%인데 물가
상승률이 연 5%이면 눈 뭉치를 언덕 위로 끙끙거리며 굴리는 것과
같겠지?”

“네, 힘들여서 굴려보지만 눈 뭉치는 오히려 언덕 아래로 조금씩
밀려 내리는 상황이 발생하겠네요.”

“그렇단다. 자, 그러면 이제는 복리 개념으로 4백 원을 한번 계산해
보겠니? 연 복리 5%로 잡고 23년을 말이다.”

“네? 복리로요?”

미래는 잠깐 계산하는 시늉만 하다가 포기했다는 듯 곧 두 손을 들
었다. 아버지는 ‘쯧쯧’ 혀를 몇 번 차고는 입을 뗐다.

“대략 1천3백 원 정도가 나올 거다. 세금을 안 뗀 상태에서 말이다.”

“아니, 아버지! 어떻게 그렇게 계산이 바로바로 나오세요? 참 알다
가도 모를 일이네요.”

“응, 72의 법칙을 알면 금방 답이 나온단다. 나중에 따로 알게 될
거다.”

“72의 법칙이라…… 네, 알겠습니다. 그건 그렇고, 복리로 굴려서
1천3백 원이라면 사실 단리의 저축 상품보다는 불었지만 별로 놀랄

정도의 큰 금액은 아니네요."

"허허허, 그렇게 생각할 수도 있겠구나. 그러나 연 복리 이자가 커지면 그땐 얘기가 전혀 달라진단다. 수익률은 시간이 지남에 따라 제곱함수로 커지게 되니까 말이야."

"제곱함수로 커진다……. 그렇다면 만약에 연 복리가 10%로 올라가면 연 복리 5%에 비해 수익률은 2배가 아니라 서너 배 이상 크게 올라간다는 말씀이세요?"

"허허허, 그렇지. 그런데 10% 복리 이자라면 서너 배가 아니란다. 23년이면 거의 원금의 열 배 이상 불어난다고 봐야지."

"네? 열 배라고요? 그러면 4백 원이 4천 원으로 된다는 말씀이신데, 이건 정말 놀랍네요. 작은 이자 차이가 세월의 힘과 결합해서 엄청난 결과로 이어진다는 사실이 말이에요. 이건 언덕의 기울기에 따라서 눈의 크기가 달라지는 거와 같은 이치네요."

"언덕의 기울기에 따라 눈의 크기가 달라진다……. 하하하, 역시 우리 아들이 이해가 빠르구나."

미래는 아버지의 칭찬에 쑥스러운 듯 겸연쩍게 웃었다.

"아버지도 참."

"아들아, 이제 눈 뭉치는 반드시 언덕에서 굴려야 한다는 것에 대해선 확실히 공감되었느냐?"

"네, 아버지!"

"조금 전의 너처럼 평지에서 눈을 굴리면 눈 뭉치를 크게 키우는데 시간이 꽤 많이 소요된다는 것도 이제 이해되었을 테고. 게다가 평지에서 굴려선 단 하나의 눈 뭉치밖에는 만들지 못한다는 것도 경험했을 테고. 안 그러냐?"

"네, 제가 오늘 특히 감동받은 부분도 그겁니다. 아버지가 굴린 눈 뭉치들이 각기 다른 크기의 눈 뭉치가 되어서 동시에 언덕을 굴러 가는데, 정말 눈물이 다 날 지경이었다니까요. 누가 굴려주는 사람도 없는데 말이에요. 오늘 눈 굴리기 시합은 정말, 제겐 기적 같은 경험입니다."

"허허허, 네가 나이 서른에 철이 드는 것 같구나. 그리고 미래야! 마지막으로 하나만 더 묻자."

"네, 뭔데요?"

"오해하지 말고 들어야 한다."

"네? 오해를 하다니요? 무슨 말씀을 하시려고요?"

"아니 특별한 것은 아니고. 음, 오늘 할아버지 유산 중에서 너에게 지금 당장 필요한 교훈이 있는 것 같더구나. 혹시, 짐작이 되는 것이 있는가 하고 말이다. 요즘 너에 대한 얘기를 들은 것이 있어서 그런다."

"들은 것이 있다니요?"

"응, 다름이 아니라 얼마 전에 새아기로부터 너의 금전 상태가 지금 최악이라고 들었다. 나보고 널 한번 만나서 따끔하게 조언을 주라고 하더구나. 그래서 너한테 해주고 싶은 말을 준비했는데 마침 할아버지 유산 중에 있어서 말이야."

"……."

미래는 고개를 숙였다. 자동차 할부금이며 카드 연체료, 게다가 마이너스 대출 이자를 갚느라고 허겁지겁하는 자신의 처지가 떠오르자 미래는 힘이 쭉 빠졌다. 이곳 펜션에 오기 바로 전에도 가불 문제로 경리과 직원과 한바탕했던 미래였다. 미래는 최근에 일어났던 일들이 주마등처럼 지나갔다.

지금으로부터 2년 전, 미래는 3년간 애인으로 지내던 오설희와 결혼했다. 한동안 행복한 신혼이 이어졌다. 서로 마주 보고만 있어도 행복했다. 그러던 둘 사이에 돈 문제로 금이 가기 시작했다. 카드 할부금이며 세금 고지서 등이 쌓이면서 둘 사이도 차츰 벽이 생겼다. 그들의 재정적 압박은 대부분 미래의 과소비와 무리한 투자 때문에 비롯됐다.

국내 조명기구 3위 업체인 '스카이조명INC'에 대리로 근무하는 홍미래. 당연시되던 과장 진급을 믿고 자동차를 SUV로 바꾸고 마이너스 대출을 받아 친디아 펀드에 투자했건만, 과장 진급에는 탈락하고 펀드 수익률은 -35%로 폭락했다.

게다가 최근에는 아내 설희와 처음으로 각방을 쓸 정도로 관계가 악화되었다. 그동안 어려운 형편이지만 설희와 다툼만은 피해온 미래였다. 그러던 어느 날, 기어이 둘 사이에 싸움이 터지고 말았다. 동창 모임은 물론 일체의 경조사에도 빠졌던 미래였지만, 결혼 후 처음으로 맞는 장모님의 생일날은 빠질 수 없었다. 그날따라 설희는 친정 엄마에게 행복한 자신의 모습을 보여주려 애썼다. 미래 또한 처가 식구들에게 자신의 처지를 잊고 싹싹한 사위가 되려고 애썼다. 그런데 정작 생일을 맞은 장모님의 얼굴이 무척 어두웠는데 이것이 발단이 되었다.

설희는 사위에게 눈길 한 번 주지 않는 친정엄마에게 그만 화가 폭발하고 말았다.

"엄마는 뭐가 그렇게 못마땅해서 그래!"

그러자 기다렸다는 듯이 장모님의 목소리가 터져 나왔다.

"아니, 넌 간만에 친정에 온다는 것이 행색이 그게 뭐냐? 그래 너는 옷이 그것밖에 없니! 그리고 또 얼굴은 그게 뭐냐? 넌 밥도 안 먹고 사니?"

이어지는 장모님의 불평에 결국 설희는 악을 쓰며 대들었고 장모님의 악다구니는 더욱 높아갔다.

"내가 이래서 결혼을 반대했던 거야. 네가 뭐가 부족해서!"

"엄마는 도대체 우리한테 해준 게 뭐가 있다고 그래!"

장모님과 설희는 악을 쓰며 오랫동안 싸웠다. 싸움을 지켜보던 미래는 엄청난 충격에 한동안 정신을 못 차렸다.

'아, 왜 이렇게 살아야만 하는 거지…….'

미래는 그날 처가 식구들과 인사를 하는 둥 마는 둥 서둘러 집으로 돌아오고 말았다.

'돈 없으니 이런 설움을 겪는구나. 밤낮으로 정말 열심히 일했건만 겨우 이런 대접이나 받고……. 내가 도둑질을 해서라도 그놈의 돈, 정말 원 없이 번다. 그때, 모두 두고 보라지!'

미래는 집으로 돌아오면서 어금니를 깨물었다.

그날 저녁, 미래와 설희는 심하게 말다툼을 했고 처음으로 각방을 썼다. 그때 아버지 문자를 받았고, 이곳 펜션으로 달려온 것이다.

아들의 우울한 표정을 보자 아버지가 가만히 미래의 손을 잡았다. 따뜻했다. 잠시 후 미래의 눈에 눈물이 맺혔다. 아버지가 미래의 손을 토닥거리며 나지막이 속삭였다.

"아들아! 힘든 거 안다. 그렇지만, 할아버지를 믿으려무나. 네 나이 이제 서른이다. 넌 이제 시작이지 않니. 할아버지 유산을 잘 기억하고 실천하면 너의 고민은 금방 해결될 것이다. 이 아비가 방향을 잃고 방황할 때 너의 할아버지 유언으로 모든 문제를 해결했듯이 말이다."

미래는 아버지의 거친 손을 만지작거렸다. 한참이 지나서야 마음의 안정을 찾았는지 미래의 표정이 밝아졌다.

"네, 알겠어요. 오늘부터 저도 바뀔 거예요. 물론 쉽지는 않겠지만 그렇다고 과거처럼 어리석고 나태하게 살지는 않을 작정입니다."

"그래, 잘 생각했다. 지금이라도 지혜를 발휘하면 잃어버린 시간은 금방 따라잡을 게다."

"네, 오늘처럼 언덕에서 눈 굴리듯이 말이죠?"

"하하하, 이제 얘기가 통하는구나. 넘어져도 그냥 일어나지 말고 돌이라도 주어서 일어선다는 각오로 세상에 맞서며 살아보려무나. 알겠지? 자, 그러면 이 아비의 질문에 대답해 보겠니?"

"어떤 질문이오?"

"응, 오늘 할아버지의 유산 중에 당장 너에게 필요한 교훈이 뭐냐 하는 거 말이다."

"아, 그거야 쉽죠. 눈 뭉치는 반드시 언덕에서 굴려라! 이왕이면 긴 언덕에서 굴려라! 맞죠? 할아버지의 두 번째 유산도 이것일 테고."

"허허허, 물론 그것이 두 번째 유산은 맞다. 그런데 지금 당장 너에게 필요한 교훈은 다른 데 있단다. 어디 한번 맞추어 볼 테냐?"

"지금 당장 저에게 필요한 교훈이라……. 글쎄요, 어렵네요. 음, 혹시 눈을 굴릴 땐 장애물을 피해서 굴려라?"

아버지는 글쎄? 하는 표정으로 가만히 다음 말을 기다렸다. 입가엔 미소가 가득했다. 한참을 생각하던 미래가 알겠다는 듯 말했다.

"아, 알겠어요. 최대한 언덕 높이 올라가서 굴려라! 이건 맞죠?"

"음, 높은 곳에서 굴려라……. 나쁘진 않구나. 근데 미래야, 네 지금 형편이 그렇게 높은 곳에서 굴릴 입장은 아니잖니, 안 그래?"

"그렇긴 한데…… 아버지, 도저히 모르겠어요. 당장 제게 필요한 교훈이란 게 도대체 뭐죠? 그냥 말씀해주세요. 네?"

미래의 목소리가 약간 높아졌다. 아버지는 알았다는 듯 손을 저었다.

"그놈 참. 평생 비밀을 저렇게 급히 알려고 하니. 허허허, 알았다. 내 말해주지. 아들아, 잘 들어라. 뭐냐 하면 말이다. 음……."

"아, 아버지! 빨리요!"

"아, 알았다. 원 성질은. 좀 전에 너랑 눈 굴리기를 할 때 말이다. 네가 굴린 눈 뭉치는 몇 개였었지?"

"저야 그냥 한 개였죠."

"그럼 나는?"

"아버지요? 음, 일곱 개인가?"

"그래 일곱 개였지, 일곱 개! 자, 답이 나온 것 같구나. 이제 뭐 짐작되는 게 없느냐?"

아버지는 이제 다 말했다는 듯 팔짱을 꼈다.

"일곱 개와 한 개라……. 음, 크기보다 개수가 중요하다, 뭐 그런 말인가요?”

“허허허, 절반은 맞춘 것으로 해주마. 자, 그럼 이제 결론을 내볼까?”

“네, 제발요. 아버지!”

미래는 거의 울듯이 소리쳤다. 아버지는 씩 웃고는 입을 뗐다.

“처음의 눈 뭉치는 결코 클 필요가 없다! 이것이 결론이다.”

“처음의 눈 뭉치는 결코 클 필요가 없다?”

“그렇단다. 너는 아까 눈 굴리기 게임에서 눈 뭉치 하나 만드는 데 거의 30분을 매달리지 않았느냐?”

“그랬죠. 큰 눈 뭉치를 만들려고 잠시도 쉬지 않고 굴렸으니까요. 어깨가 아파 죽는 줄 알았어요.”

“반면에 나는?”

“아버지는 저보다야 고생이 덜했죠. 그냥 작은 눈 뭉치가 만들어지면 바로바로 언덕으로 굴렸으니까요.”

“바로 그것이다. 나는 작더라도 눈 뭉치가 생기면 즉시 굴렸다. 망설이지 않고 말이다. 그런데 결과는 어땠냐? 처음의 눈 뭉치가 적다고 네가 공들인 눈 뭉치에 비해 결승점에 다다랐을 때 크기가 작더냐?”

미래는 새삼 언덕 밑을 내려다봤다. 거기엔 거대한 눈 뭉치 일곱 개가 여러 곳에 흩어져 있었다. 거의 펜션 크기의 절반은 되어 보였다. “네, 아버지 말씀이 맞는 거 같네요. 출발부터 승패는 이미 결정이 난 것 같습니다. 시작이 빠르면 필승이라는 것이죠.”

"그렇지. 이 게임의 비밀은, 누가 먼저 언덕에서 눈 뭉치를 굴렸느냐, 그리고 동시에 여러 개를 굴렸느냐, 바로 여기에 달렸단다. 눈 뭉치의 크고 작음에 상관없이 말이다. 특히 너처럼 종자돈이 풍부하지 않은 젊은이에게는 더욱더 그렇지."

"네, 누가 먼저 시작했느냐가 가장 중요한 것 같습니다. 저보다 목돈을 가진 사람도 출발이 늦으면 저에게 추월당하는 것은 시간문제일 거고요."

"허허허. 똑똑하구나. 미래야! 돈을 불리는 비밀도 다 여기에 있단다. 푼돈은 무조건 종자돈으로 뭉치는 것! 그리고 그 종자돈은 망설임 없이 복리로 굴리는 것! 이것이 종자돈의 규모보다 훨씬 중요한 법이란다. 그리고 여러 개를 동시에 굴리려면 무척 부지런해야 할 거다. 시간을 잘 활용해야 할 것이고. 너는 어떤 경우라도 목돈을 키우고자 하나의 통장에 돈을 잔뜩 쌓아놓는 일은 절대 없도록 해라. 이것은……."

"이것은, 평지에서 눈 뭉치 하나만 굴리는 것과 같은 것이다, 결국 세월의 낭비다, 뭐 이런 말씀이시죠?"

"허허허, 그렇단다. 아들아, 마지막으로 하나만 더 이 아비와 약속해줄 수 있겠니?"

"네 말씀하세요, 아버지."

"종자돈이 생기면 뒤도 돌아보지 말고 복리 상품에 묻는다고 약속해다오. 그것도 오랫동안 말이다. 목돈을 만들어서 투자한다는 생각은 버리도록 해라. 종자돈이 크든 적든 말이다. 가능하겠니?"

"네, 아버지. 약속드릴게요. 푼돈이 생기면 이건 '손안의 눈'이다 생각하고 절약하고 또 절약해서 최대한 종자돈으로 삼겠습니다. 그리고 종자돈이 만들어지면 미련 없이 언덕에서 굴린다는 마음으로, 복리상품에 오랫동안 묻도록 하겠습니다. 그것도 여러 개를 말입니다."

"얘야, 정말이니?"

"네, 아버지. 감히 누구의 유산인데요. 할아버지의 소중한 유산, 반드시 지키도록 하겠습니다. 저를 한번 믿어보세요."

"그래, 이제 할아버지의 유산 중에 내가 물려줄 수 있는 것은 어느 정도 물려준 것 같구나. 이제 큰 짐을 벗은 것처럼 정말 홀가분하구나. 나머지는 나랑 형제처럼 함께 산 친구들이 큰 가르침을 줄 게다. 마지막으로, 이 아비가 널 얼마나 믿고 있는지 제발 알아줬으면 좋겠다."

아버지와 미래는 손을 굳게 맞잡았다. 그들 뒤로 겨울 해는 낮게 기울었고 저녁노을은 흰 눈밭을 붉게 덮었다.

"아버지! 그런데 할아버지 유산은 이게 다인가요?"

언덕을 내려오면서 미래가 물었다. 아버지는 가볍게 고개를 저었다.

"아니다. 하나가 더 있단다. 조만간 자연스럽게 알게 될 게다. 중요한 순간이 되면 할아버지의 마지막 유산은 내게 길을 터주고 다리를 놓아주었듯이 너에게도 분명히 길잡이가 되어 주실 게다."

"얼굴 한 번 못 뵌 할아버지였지만, 이번 기회에 정말 뵙고 싶네요."

"하하하, 걱정 말아라. 비록 얼굴을 뵐 수는 없었지만 네가 인생을 살아가면서 부딪치게 되는 고비마다 할아버지는 당신의 유산으로 너를 만나러 오실 게 분명하다."

"그러면 할아버지를 뵈려면 힘든 역경을 빨리 만나야겠네요. 하하하."

"하하하."

두 사람은 오랜만에 크게 웃었다. 잠시 후, 아들을 흐뭇하게 바라보던 아버지가 입을 뗐다.

"역경 없는 성장은 있을 수 없단다. 역경을 통해 교훈을 배우며 성장해 나가는 거다. 다만, 아버지로서 할아버지의 유산을 통해 그 역경을 빨리 극복해 나가기를 바라는 마음이지. 아무튼, 조만간 너는 나룻배 하나 없는 강가에 서게 될 것이다. 때로는 파도치는 섬에 고립되기도 할 것이고. 그러나 걱정 말아라. 할아버지의 유산은 나룻배가 되어줄 것이고 등대가 되어줄 것이 분명하니까 말이다."

그날 밤, 미래는 잠을 이루지 못했다. 오늘의 특이한 경험은, 서른 살의 미래가 처음으로 경험하는 것이었다. 미래는 슬며시 일어나 책상에 앉았다. 몸은 무거웠지만 정신은 또렷했다. 아 참, 내일 아버지의 친구 분이 오신다고 했지? 그때까지 할아버지 유산에 대해서 완전하게 숙지해야 할 텐데. 미래는 심호흡을 크게 하고 할아버지의 유산을 천천히 적어 내려갔다.

할아버지 유산

1 눈은 녹기 전에 뭉쳐라. 처음엔 작은 눈 뭉치라도 충분하다

- 푼돈을 아껴라. 오로지 절약뿐!
- 저축을 통해 푼돈을 종자돈으로 불려라.

2 눈 뭉치는 긴 언덕에서 오랫동안 굴려라

- 종자돈이 생기면 복리 상품을 통해 불려라.
- 종자돈은 클 필요가 없으며, 신속하게 굴려라.
- 복리의 마법은 세월의 힘에 있다. 오랫동안 굴려라.

손안의 눈은 녹는다.
녹기 전에 뭉쳐라
종자돈

절약과 저축

　모두가 잠든 이른 아침, 펜션의 목조 문을 누군가 탕탕 두드렸다. 아직 창밖은 희뿌연 어둠이 걷히지 않았다. 미래는 이불을 머리 위까지 올리며 다시 잠을 청하려 했으나 아버지가 벌떡 일어나며 말했다.

　"미래야, 손님이 오신 모양이다. 어서 일어나도록 해라."

　거의 새벽까지 잠을 설친 터라 미래의 머리는 터질 듯이 아팠다. 미래는 얼굴을 이불 속에 둔 채 소리를 질렀다.

　"손님이오? 이 꼭두새벽예요?"

　그새 옷을 차려입은 아버지는 "너한테는 꼭두새벽이지만 그 친구한테는 한참 일할 시간이지."라고 말하며 서둘러 욕실로 향했다.

　미래는 마지못해 겉옷을 걸치고 문을 열었다.

　"네가 미래냐?"

　빠끔히 열린 문틈으로 사내가 소리를 쳤다.

미래가 문을 열어주자 사내는 불쑥 문을 열고 들어와 방 안을 휘휘 둘러보며 말했다.

"네 아버지는 안 계시냐?"

"욕실에 계십니다만……."

미래가 잠옷을 여미며 말하자 사내는 대뜸 소파에 앉았다. 이마에 굵은 주름이 있었지만 머리숱이 검고 굵어서 제 나이를 가늠하기 어려웠다. 겉옷과 구두 따위는 낡았지만 풍채는 당당했다.

잠이 덜 깬 미래는 못마땅한 얼굴을 한 채 맞은편 소파에 몸을 뉘였다. 잠시 후, 욕실에서 아버지가 나오면서 사내를 보더니 크게 소리쳤다.

"야, 지한이! 아니 우직한! 이 친구, 도대체 이게 얼마 만이야!"

우직한으로 통하는 사내는 체격이 건장했다. 그는 자리에 앉은 상태에서 아버지를 뜨겁게 포옹했다. 한동안 아버지와 우직한은 포옹을 풀지 않았다. 잠시 후 아버지와 우직한은 테이블로 자리를 옮겨서 오랫동안 이야기를 나눴다. 서로 근황을 묻고 지난 세월을 회고했다.

그들의 얘기를 종합해보면, 40년 전 바로 오늘, 미래의 할아버지는 아버지와 함께 보살피던 두 명의 아이를 이곳으로 불러 모았다고 했다. 모두 갈 곳 없는 전쟁고아였는데 할아버지가 자신의 아들과 똑같이 중학교까지 공부를 가르쳤다고 했다. 그리고 졸업 후 독립을 시키는 장소로 바로 이곳을 택했다고 했다.

그때 할아버지는 세 명의 아이에게 눈 굴리기 시합을 시켰으며, 아버지가 미래에게 보여주었던 것과 똑같은 방법으로 당신의 유산을 남겨주셨다고 했다. 그 유산을 받아든 아이들은 성공하여 다시 만날 것을 다짐하며 각자의 길을 떠났다고 했다.

미래의 가슴이 뛰기 시작했다. 어머니를 통해 어렴풋이 아버지의 과거를 들을 수는 있었지만 이렇듯 생생하게 40년 세월을 거슬러 목격하게 될 줄은 몰랐다.

이윽고 예의 할아버지의 유산 이야기가 나왔다. 미래는 귀를 쫑긋하고 들었다.

우직한이 창밖을 내다보다가 크게 심호흡을 한 후 입을 뗐다.

"나는 아버님의 가르침이 있었기에 오늘날 작지만 나름대로 성공을 이룰 수가 있었어."

'작은 성공이라고?' 미래는 행색이 남루한 우직한이 스스로 성공했다는 말에 잠시 그를 살폈다. 그러고 보니 강인한 턱이며 짙은 눈썹이 예사롭게 보이지 않았다.

"음, 그간 얼마나 노력을 했는지는 내가 잘 알고 있지."

아버지가 고개를 끄덕이며 우직한의 말에 공감했다. 이윽고 잠시 숨을 돌린 우직한이 다시 입을 열었다.

"처음엔 믿지 않았어. '눈은 녹기 전에 뭉쳐라! 그리고 언덕에서 굴려라!' 왜 자네도 기억나지? 아버님의 유산."

"당연하지 이 사람아. 그걸 어떻게 잊어. 오늘 우리 아들한테도 물려줬는걸."

"그래? 자네 아들한테도 물려줬다고? 잘했네. 아버님의 유산은 대를 이어서 전해야지. 암. 아무튼, 난 몇 번의 실패를 하고 나니까 아버님의 유산이 머릿속에 떠나질 않는 거야. 그때부터 마음을 다잡고 내 평생의 좌우명으로 삼고 지금껏 실천하면서 살아왔다네. 오로지 절약하고 저축하면서 말이지. 그랬더니 모든 것이 자연스럽게 해결되더라고."

"허허허, 자네의 부지런함은 정말 대단했지. 속된 말로 자네는 노는 꼴을 못 봤으니까 말일세."

"하하하, 내가 그랬는가? 하기야 어제만 해도 그랬지. 사실 이곳에서 만나자는 자네의 연락을 받고, 어제 온종일 아무 일도 손에 안 잡히더라고. 생각 같아서는 어제 올라와서 자리 잡고 있었으면 했는데 그래서는 안 된다는 외침이 계속 들려오는 거야."

우직한의 말에 아버지가 물었다.

"무슨 외침 말인가?"

우직한이 어깨를 으쓱하더니 대답했다.

"바로 아버님의 유산이었네. 단 하루라도 가치 없게 보내는 것, 단 한 푼의 돈일지라도 헛되이 쓰는 건 아버님의 유산을 지키지 않는 것이라는 생각이었지."

"음, 그래서 어제는 꾹 참고 오늘 이렇게 꼭두새벽에 달려온 건가?"

"그렇다네. 어제 심야 고속버스를 탔지. 그리고 첫차로 운행하는 시내버스를 타고 마을 어귀까지 도착한 거야. 그리곤 이곳까지 한달음에 달려왔다네."

"하여튼 자네 부지런한 것은 알아줘야 한다니까. 하기야 과거에 절약을 위해 하루 세 시간씩을 걸어 다니던 자네가 아닌가. 껄껄껄."

"하하하."

두 사람은 뭐가 우스운지 한참을 웃었다.

"참 오래된 얘기지. 내가 십대 때니까 말이야. 하지만, 그때 절약한 돈이 내 생애 최초의 종자돈이 되었다네."

아버지와 우직한은 '그때'를 화제 삼아 이야기를 시작했다. 두 사람은 마치 어린 시절로 되돌아간 듯 얼굴에 미소가 떠나지 않았다.

당시 우직한은 야간고등학교를 다니며 낮에는 조그만 회사에서 심부름 따위를 했다. 보수라고 받는 금액이라 해봐야 교통비와 식대를 대기에도 빠듯한 수준이었다.

야간 고등학교를 포기해야만 하는 절박한 상황에서 우직한은 자신을 키워주신 양아버지를 떠올렸다. 전쟁고아들을 거둬들이고 중학교까지 공부를 시킨 양아버지의 숭고한 뜻을 떠올리자 차마 학업을 멈출 수가 없었다.

양아버지의 유산을 떠올린 우직한이 하나의 묘책을 생각해냈다. 자취방에서 회사, 회사에서 학교, 학교에서 자취방으로 이어지는 교통비, 이것만 아껴도 학비를 마련할 수 있을 것 같았다. 모두 세 시간의 긴 거리였지만 그 정도 수고는 아버지의 숭고한 희생에 비하면 보잘것없다고 판단했다.

"그때 버스비가 8원 정도였지. 버스를 타고 돌아다녔다면 하루에 32원을 써야만 했어. 그것을 아낌으로써 학비 800원을 충당할 수 있었던 거야."

"하루 32원이 자네를 학교에 다닐 수 있게 해준 셈이었군."

아버지가 감탄스러운 표정으로 우직한에게 이야기했다. 그러나 우직한은 두 손을 휘휘 저으며 말했다.

"그런데 지속하지 않으니까, 역시 '손안의 눈'이더라고."

"손안의 눈?"

"응, 학비에는 요긴했지만 뭉치지는 못했다네. 점차 월급이 인상되면서 약간의 여유가 생기기 시작하니까 점점 게을러지기 시작하더군."

"하하, 그래서 버스를 타고 다녔나?"

아버지가 가볍게 웃으며 말했다. 우직한이 유쾌하게 말을 받았다.

"그랬지. 그런데 영 마음이 편치 않았어. 몸은 편했지만 마음이 너무 불편했던 거야. 몇 날 며칠을 그렇게 가슴앓이만 하다가 어느 날 문 득 저 봉우리가 떠올랐지. 그때 비로소 눈이 내 손에서 녹고 있다는 사 실을 깨달았던 거야. 아버님의 외침이 마구 들리는 거 같기도 했고."

"음, 충분히 이해하네. 당시 어린 나이에 자네처럼 참기도 어려웠 을 거야."

"그렇게 말해주니 고맙네. 어쨌든 실제로 손안에 눈을 쥐어보니까 아버님의 지혜가 생생하게 와 닿기 시작했던 거야. 아버님 말씀대로 손안의 눈은 생각할 틈도 없이 그대로 녹아버린 거지. 하루는 회사 앞 의 중국집을 지나며 차마 유혹을 떨치지 못했다네. 그때 자장면 가격 이 20원이었던가 했을 거야."

"허허, 나도 마찬가지였네. 그때, 자장면 냄새가 어찌나 유혹을 하 던지."

"그렇지. 그 유혹을 못 이기고 자장면을 시켰는데 정말 맛있는 거 야. 이후에 나 자신도 모르게 그 중국집을 들러서 자장면을 시켜 먹 는 나를 발견한 거야. 6개월을 고생하며 아낀 돈이 단 보름 만에 자장 면 값으로 몽땅 사라지고 만 것이지. '손안의 눈'이 얼마나 빠르게 녹 아 없어지는지 그때 비로소 느꼈던 거야. 정신이 번쩍 들더라고."

아버지가 의자를 당겨 우직한에게 다가가며 물었다.

"그래서 어찌했는가?"

"회사 앞에 은행이 있었다네. 난생처음으로 손안의 눈을 단단하게 뭉치기로 결심했지."

"오호라, 은행 때문에 처음으로 눈 뭉치를 뭉쳤다, 이건가?"

"그렇다네. '손안의 눈'이 얼마이든 그것은 중요한 게 아니었어. 아버님 말씀대로 그 눈이 녹기 전에 단단하게 뭉치는 것이 중요했지. 그래서 점심때마다 은행에 드나들기 시작했다네."

아버지가 놀랍다는 표정으로 물었다.

"그러면 하루 버스비 32원을 아껴서 은행에 저축한 건가?"

"응. 당시는 아무리 소액이라도 소중하게 여기고 받아주던 시절이었으니까 귀빈 대우를 받으며 은행을 내 집처럼 드나들기 시작했네."

"하하하, 회사에서는 수습사원이지만 은행에서는 귀빈이었구먼."

"그래, 어쩌면 그 재미로 더욱 저축에 재미를 들였는지도 몰라."

"음, 그래서 어찌 되었나? 일단 뭉친 눈은 쉽사리 녹지 않던가?"

우직한이 고개를 크게 끄덕이며 말했다.

"그랬다네. 녹기는커녕 작은 눈 뭉치는 큰 눈 덩이가 되어서 돌아왔다네. 푼돈만 만져보던 내게 은행은 태어나서 처음으로 종자돈을 만들어서 준 것이지. 덕분에 처음으로 미래에 대한 꿈을 꿀 수 있게 된 것이고."

우직한은 다시 고개를 돌려 창밖의 봉우리를 바라봤다. 과거 고생했던 시절이 주마등처럼 지나갔다. 지금으로부터 거의 40년 전 일이었다.

“학생 또 왔네.”

까까머리에 검은색 교복을 단정히 차려입은 우직한이 은행에 들어서자 창구의 여직원이 반갑게 맞았다.

“누나, 안녕하세요!”

모자를 벗고 인사를 한 후 통장을 꺼내놓았다.

“또, 32원이지?”

여직원은 우직한의 계좌번호를 알고 있는지 통장은 보지도 않고 장부를 꺼내 펼치며 물었다. 잠시 후 머리를 든 여직원은 유쾌하게 말을 뱉었다.

“어머, 오늘이 꼭 한 달째네. 그러면 정기적금으로 바꿔야겠다.”

그때까지 우직한은 정기적금이란 말을 들어보지 못했다.

“네? 정기적금이 뭡니까?”

여직원은 생긋 웃더니 설명을 시작했다.

“정기적금은 일정 기간 동안 꾸준히 저축하여 목돈을 만드는 통장이야. 쉽게 깨질 수 있는 푼돈을 약간의 강제성을 주어 크게 불리는 상품이지.”

우직한은 푼돈을 모아 목돈을 만든다는 이야기에 귀가 솔깃했다. 지금까지는 손안에서 쉽게 녹아버리는 푼돈을 모으려고 생각했지 목돈으로 만들기 위한 구체적인 계획은 없었다.

잠시 후, 여직원의 이야기가 이어졌다. 마치 친동생을 대하듯 친절

망은행

했다.

"또한, 적금은 단순히 푼돈을 모은다는 의미만 있는 게 아니란다. 네가 안정적인 재정 상태를 이룩하는 데 있어 오랫동안 뿌리 역할을 하게 될 거야. 인생의 마디마다 구체적인 목적을 세우고 그 목적을 향해 모든 열정을 바칠 수 있는 동기와 힘을 부여해주기도 하지."

"인생의 마디요?"

우직한은 다시 고개를 갸웃거렸다. 가능한 공부를 오랫동안 해서 훌륭한 사람이 되겠다는 목적은 세웠지만, 구체적으로 무엇을 어떻게 해야 할지는 밑그림을 그려본 적이 없었다.

그런 우직한의 심정을 아는지 여직원이 설명을 덧붙였다.

"예를 들어 학생이 2년 후에 대학에 입학한다고 가정했을 때 합격만 하면 뭐하겠어. 입학금이 있어야 할 거 아냐. 다행히 부모님이나 기타 도움을 줄 사람이 있다면 다행이지만 그렇지 못할 때는 스스로 준비를 해야 하겠지. 바로 그러한 목적을 세우고 원하는 꿈을 이룰 수 있도록 도와주는 것이 바로 적금이야."

우직한의 귀가 번쩍 띄졌다. '나도 대학생이 될 수 있다?' 우직한의 가슴은 심하게 뛰었다.

"어, 어떻게 해야 하는 건데요?"

우직한이 바싹 다가서며 흥분한 채 물었다. 여직원은 다시 주판을 팅기며 설명을 덧붙였다.

"자, 어디 볼까. 지금처럼 매일 32원씩을 아껴서 일반 저축통장에 넣는 거야. 그것이 한 달이 되면 지금처럼 800원이 되는 거지. 그러면 그 800원을 찾아서 정기적금에 저축하는 거야. 그런 식으로 2년간 모은다면 정확히 19,200원이 되거든."

"그 돈이면 대학에 갈 수 있나요?"

우직한의 머릿속에는 온통 대학생이 된 자신의 모습으로 가득 찼다. 여직원은 우직한을 보며 살짝 웃더니 말을 계속했다.

"음, 그 돈이면 대학 입학금과 한 학기 등록금은 될 거야. 하지만, 정말 중요한 건 공부를 열심히 해야 하겠지!"

난생처음 미래에 대한 그림이 그려지자 우직한의 머릿속은 복잡해졌다. 그 사이 여직원은 다시 주판을 팅기며 말을 이었다.

"지금 학생에게 권하는 정기적금은 연이율이 17%인 상품이야."

"연이율이오?"

여직원이 다시 웃으며 말했다.

"음, 이자를 말하는 거야. 저축한 돈에 대해서 일 년 후에 17%의 이자가 붙는다는 말이지."

"그러면 일 년간 저축한 돈에다가 17%의 이자를 얹어준다는 말씀이세요?"

여직원은 가볍게 고개를 저으며 설명을 덧붙였다. "이건 약간 계산

법이 다르단다. 네가 첫 달에 저축한 800원에 대해서는 12개월의 이
자가 붙지만, 두 번째 달에 넣은 800원에 대해서는 12개월이 아니라
11개월의 이자를 얹어준다는 거란다.”

우직한이 머릿속으로 계산하면서 물었다.

“그러면 맨 마지막 달에 넣은 금액은 한 달 치 이자만을 얹어준다
는 말이군요.”

우직한이 말을 마치자 여직원이 싱긋 웃었다.

“너희 회사 경리부에 있는 내 친구가 너를 보고 똑똑한 수습사원이
라고 하던데 정말인가 보구나. 다시 봐야겠는데?”

우직한의 얼굴에 살짝 홍조가 들었다. 평소 호감을 갖고 있던 은행
여직원에게서 칭찬을 받자 우직한은 좋아서 어쩔 줄 몰라 했다.

그때 아버지의 웃음소리가 호탕하게 들려왔다.

“하하하, 그래서 은행 여직원들 꽁무니를 졸졸 따라다녔던 거였나?”

우직한도 가볍게 웃어 보였다.

“허허허, 내가 그랬나? 사실 내 첫사랑은 그 여직원이 맞네. 한동안
그 여직원과 결혼하는 꿈을 꾸었을 정도였지.”

“아마 그 여직원이 연상이었을 텐데…….”

“한참 연상이었지. 지금이야 연상의 여자와 결혼하는 일이 대수롭
지 않은 일이었지만 어디 그때야 그랬나. 말 잘못 꺼냈다가 영영 못

볼까 봐 혼자서 가슴앓이만 했지 뭐."

"음, 아름다운 첫사랑이었구먼. 아무튼, 안됐네그려."

"그래, 하지만 그 여직원은 내게 정말 소중한 것을 가르쳐주었어. 아버님이 굵고 넓은 인생의 지표를 열어주었다면 그 여직원은 삶의 보람과 구체적인 길을 알려준 셈이지."

"음, 그래 어떻게 보답을 했는가? 자네 성격에 그냥 넘어갔을 리는 없고."

"보답은 뭐, 그럴 경황도 없었네, 그땐……."

다시 우직한은 당시의 기억을 회상하기 시작했다.

여직원은 주판을 튕기면서 중간 중간 종이에 무엇인가를 열심히 메모했다. 이윽고 메모지를 건네주면서 말했다.

"이걸 한번 보겠니. 이게 2년 후 네가 받아갈 원금과 이자란다. 대학 등록금으로 쓰고도 남을 정도의 금액이야."

우직한은 손에 쥔 메모지를 보자 콧날이 시큰했다. 차비를 아끼는 것만으로도 대학에 갈 수 있다는 사실이 도저히 믿기지 않았다. 우직한은 그 메모지 뒤에 자신의 좌우명을 적었다. 눈 쌓인 설산에서 아버지가 가르쳐주신 교훈이었다. 우직한은 소중하게 메모지를 접어서 가슴에 품었다. 자신에게 첫 번째 삶의 방향을 잡아준 소중한 메모지였다. 우직한은 이 메모지를 평생 간직하리라 마음먹었다.

우직한이 회상을 멈추더니 지갑을 뒤적거려 조그만 종이를 꺼냈다. 산성지로 된 종이를 코팅한 것이다. 아버지가 소중하게 종이를 받아들었다. 미래도 고개를 숙여 종이를 훑었다.

"그러면 이게 40년 전의 그 메모지인가?"
우직한이 조용히 고개를 끄덕였다.
"워낙에 오래된 탓에 바스러지려고 하더군. 그래서 국내에 코팅하는 기계가 들어왔다는 이야기를 들었을 때 바로 달려가서 코팅한 것이라네.”

우직한의 이야기를 듣자 미래와 아버지는 작은 메모지를 소중하게 다뤘다. 아버지가 메모지를 들여다보며 물었다.

“그래서 이 종이를 품고 지금껏 살아온 건가?”

우직한이 고개를 끄덕이더니 말을 계속했다.

“음, 나는 원래 복잡한 걸 싫어하는 성격이잖은가. 한 가지 원칙만을 갖고 우직하게 살고 싶었어. 그래서 때로는 형광등이라는 말도 많이 들었지만, 어쨌든 내 원칙을 지금껏 고수해왔지.”

“하하, 자네가 좀 그런 구석이 있긴 했어. 오죽하면 우리가 우지한이란 자네 이름을 두고 우직한이라 불렀을까. 하하하.”

“하하하, 나도 내 이름이 수시로 헷갈린다네. 가끔 서류 작성할 때 우직한으로 쓰기도 한다니까 글쎄.”

“하하하, 아무튼 자넨 정말 독한 구석이 있었어. 우리랑 많이 달랐지.”

“인정하네. 지금 생각하면 주변에 미안한 마음이 많아. 하지만, 그때 독하지 않았다면 지금의 나는 없었을 거네. 그래서 구두쇠 소리를 들으면서 아끼고 또 아꼈지. 그렇게 아낀 돈은 절대 손안에 쥐고 있는 법이 없었다네. 행여나 녹을까 봐 은행으로 바로 직행했었으니까.”

“혹시 은행 여직원이 보고 싶어서 그런 건 아니고?”

“예끼, 이 사람아! 하하하.”

아버지와 우직한은 어깨를 젖히며 유쾌하게 웃었다.

"어쨌든, 그 습관 덕분에 예쁜 은행원을 신부로 맞이한 건 사실 아닌가?"

아버지는 샘난다는 표정을 지으며 말했다.

"허허허, 알고 있었구먼. 처음에 나한테 누나처럼 자상하게 대해줬던 여직원은 결혼 때문에 퇴사하고 말았더라고. 2년짜리 적금을 찾으러 갔을 때 그 자리에 다른 여직원이 앉아 있는데 정말 어찌나 놀랍고 슬프던지."

"하하, 첫사랑이 그렇게 떠났던 거였구먼."

"그랬지. 하지만, 내 얘기를 그 후임자에게 해놓았는지 그 후임자는 떠난 선임자 못지않게 나에게 관심을 두더라고."

"혹시?"

아버지가 묘한 웃음을 지으며 물었다. 우직한의 눈가에 미소가 번졌다. 이어서 인정한다는 듯 머리를 끄덕였다.

"그냥 열심히 저축을, 아니 열심히 눈을 뭉친 것뿐인데 거기서 연분이 날 줄은 정말 몰랐다네. 허허허."

"하하하."

"하하하."

세 사람이 거의 동시에 웃음을 터트렸다.

잠시 후, 우직한이 조용히 말을 이었다.

"지금 생각해보면 내 손안의 돈, 그러니까 눈은 한 번도 쉽게 녹아 없어진 적이 없었다네. 최소한 나한테는 그랬지. 돈의 습성과 인간의 약한 심리를 그때 이미 깨우쳤던 거야. 그래서 눈이 생기면 생기는 대로 뭉치고 또 뭉쳤네. 차비를 아껴서 뭉쳤고 점심 값을 아껴서 뭉쳤지. 그렇게 평생을 내 집 드나들듯 은행을 드나들다 보니 어느 날, 지금의 풍족한 내가 되어 있더라고. 여보게, 친구! 내가 그동안 어떻게 살아왔는지 한번 볼 텐가?"

우직한이 다시 주머니를 뒤적여 조그만 수첩을 꺼냈다. 역시 산성지로 만들어진 수첩이라 금방이라도 바스러질 것 같았다. 우직한은 조심스럽게 몇 장을 넘기더니 자신이 찾는 페이지에 이르자 수첩을 활짝 펼쳤다.

1967년, 7월 12일

두툼한 현금 봉투를 들고 뛰듯이 은행으로 달려갔다. 달리면서 "이건 눈이다! 녹기 전에 빨리 뭉쳐야 한다!" 하며 수도 없이 외쳤던 것 같다. 정확히 얼마인지도 모르는 월급봉투를 창구에 들이밀자 여직원이 "어머, 정직원으로 승진하신 후 첫 월급이네요. 축하드려요!"라고 인사를 했다. 사회에 진출한 이후 가장 흥분된 날이 바로 오늘이 아닐까 싶다.

불현듯, 월급 1,500원을 받고 하루 16시간을 일했던 수습 시절이 떠올랐다.

그 당시, 교통비와 식대, 그리고 방값을 제하면 한 푼도 남지 않았었다.

그러나 나는 정직원으로 승진했고 오늘 첫 월급을 탔다. 오늘만큼은 나 자신이 너무 대견하다. 우지한! 아니 우직한! 넌 정말 대단하다.

이 모든 것은 아버지의 위대한 유산 덕분이다.

"손안의 눈은 녹는다. 녹기 전에 단단하게 뭉쳐라!"

그렇게 녹기 전에 뭉친 작은 눈 뭉치가 한 달에 4만 원이라는 큰 액수의 금액으로 통장에 찍혔다. 나한테 이런 일이 생길 줄은 정말 꿈에도 몰랐다.

1965년, 1월 14일

이틀이나 지났건만 뛰는 가슴을 진정시키기가 어렵다.

조용히 아버지가 남기신 위대한 유산을 떠올린다.

"손안의 눈은 녹는다. 녹기 전에 단단하게 뭉쳐라!"

"눈 덩이는 긴 언덕에서 오랫동안 굴려라!"

그런데, 이번에 개설한 통장은 보통예금 통장이다. 잠시 스쳐 가는 돈을 임시로 보관하는 곳이다. 자칫 물가라도 뛰게 되면 원금은 손안의 눈처럼 녹아버릴지도 모른다.

분명 나의 눈 뭉치를 오랫동안 맡기기에 은행은 적당하지 않다.

오늘 통장을 바꿀 각오로 은행을 들렀다. 통장을 내미는 은행 여직원에게 당당하게 말했다.

"10년 만기, 월 4만 원짜리 적금통장으로 만들어 주세요!"

목돈을 만들기 위한 첫걸음을 뗐다는 사실에 한없이 기뻤다. 남은 2만 원으로 한 달을 버티기엔 매우 빠듯한 금액이지만 뭐 상관없다. 언제는 호강하고 살았던가. 은행 여직원의 계산으로, 10년간 매월 4만 원씩 내면, 연이율 12%의 금리로 세전 수령액은 무려 770만 원이 나왔다. 정말 상상이 되지 않을 정도로 큰 금액이다.

딱 10년만 눈을 뭉치자. 어떠한 유혹도 이겨내면서 딱 10년만 말이다.

10년 후의 행복에 비하면 어떠한 불편도 감수할 수 있을 것 같다.

그런데 10년 후에 이 돈으로 뭘 하지?

아버지와 미래는 다 읽었는지 수첩에서 시선을 거두고 우직한을 봤다. 우직한은 잠시 뭔 말인가 하려다가는 멈추고 다른 공책을 펼쳤다. 빛바랜 갈색 표지의 노트였다.

회사에 새로운 제도가 도입되었다. 영업사원들에게 일비를 당일 현찰로 지급한다고 했다.

이 소식을 처음 들었을 때 너무 좋아서 소리를 지를 뻔했다. 그동안 월급에서 30% 정도의 용돈을 빼서 썼는데 매번 아까워서 속이 쓰렸다. 그런데 일비를 따로 준다고 하니 그 돈으로 새롭게 적금을 넣을 수 있게 되었다.

이제 일비가 생기면서 또 하나의 목표를 꿈꾼다. 어떤 목표를 세울까? 새로운 목표보다는 역시 내 집 마련이라는 목표를 이루는 것이 급선무다. 그동안 내 집 마련에 대한 확신이 서지 않았는데 이번에 확고하게 결심이 섰다. 목표는 7년이다. 그때가 되면 내 나이 30대 중반이다. 딱 적당하다. 욕심 부리지 말고 이번처럼 한 걸음씩만 가자.

우직한은 아버지와 미래의 눈치를 살피더니 다른 공책을 펼쳤다. 아버지와 미래는 새로운 페이지에 시선을 고정했다. 잉크가 곳곳에 번져서 무척 지저분했다.

용돈을 모두 적금에 넣고 일비로만 생활하기 시작한 지 오늘로써 꼭 석 달째가 된다.

옆 자리의 최 선배는 일비가 나오는 날부터 택시를 타기 시작했다. 피곤한 몸으로 콩나물 버스를 타는 것이 싫다고 했다.

입사 동기 한 명은 퇴근길 포장마차에 들러 한잔하는 것이 습관이 되었다고 했다. 하루의 피곤을 그렇게 씻는다고 한다.

가끔은 나도 그러고 싶다. 그럴 때면 어김없이 양아버지가 나타나셔서 쩌렁쩌렁 소리를 지르시는 것 같다.

"눈은 뭉치지 않으면, 단 한 줌의 눈도 남아나지 않는다!"

'네 손안에서 눈이 녹고 있는데, 얼른 뭉치지 않고 뭘 꾸물거리고 있느냐!'

이젠 걸으면서 스트레스를 풀고 마음의 안정을 찾는 것이 자연스럽다.

비록 먼 거리이긴 하지만 그렇게 걸으면서 주변을 둘러보게 되고 흐트러지는 마음을 다잡는 계기로 삼으니 오히려 심리적으로 안정이 되어서 좋다.

무엇보다도 통장에 쌓여가는 눈 뭉치가 나를 행복하게 한다. 그것은 눈 뭉치가 아니라 나의 희망이자 행복이다.

나는 오늘도 '손안의 눈'을 쥐고 있지는 않았는지 반성하고 또 반성했다.

점심은 맨밥에 김치로 해결했고 차비는 두 다리로 해결했다.

그 덕택에 용돈도, 일비도 모두 내 손을 거쳐 무사히 눈 뭉치로 뭉쳐졌다.

이제, 눈 뭉치는 두 개로 불어났고 눈 뭉치 크기도 계속해서 커졌다.

미래는 알 수 없는 감동에 수첩에서 눈을 떼지 못했다. 당시의 우직한은 자기보다 몇 살이나 어린데도 불구하고 자기보다 한참 어른 같았다. 우직한이 조심스럽게 다른 수첩을 꺼내 펼쳐 보았다.

1976년 2월 3일

난생처음 내 집을 장만했다. 마당이 제법 넓은 2층 단독주택이다. 얼마 되지 않는 짐을 풀면서 펑펑 울었다. 차비 32원을 아껴 눈밭에 굴리기 시작한 지 정확히 12년 만의 일이다.

10년 전, 첫 월급봉투를 통째로 눈밭에 굴리면서 시작한 적금에서 770

만 원이 모였다. 또한, 7년 전 활동비라는 눈 뭉치를 눈밭에 굴려 마련한 돈이 100만 원이 넘었다.

집값은 700만 원!

나는 10년 싸움에서 이겼다.

어느 누구 도움도 없이 말이다.

부동산에 투자한 최 과장은 나보다 몇 배의 돈을 모았다. 하지만, 전혀 부럽지 않다.

양아버지의 유산으로, 무일푼인 내가 이 집을 장만하지 않았는가!

오로지 무형의 유산을 이용해서 억척같이 절약하고 저축해서 말이다.

하지만, 양아버지의 유산은 세상의 어떠한 후원보다 강력했다.

그동안 함께 고생해준 집사람과 아이들에게 미안한 마음이 없는 것은 아니다.

아내는 먼 시장까지 걸어 다녀야만 했고, 아이들은 그 흔한 장난감 하나 제대로 가져보지 못했다.

아무것도 없는 빈털터리에게 시집온 아내.

가난한 아버지 밑에서 고생하며 자란 아이들.

하지만, 모두에게 당당히 외치고 싶다. 빈털터리에서 불과 10년 만에 정원이 딸린 집을 이렇듯 장만하지 않았는가 말이다.

내 머릿속에 기억하고 있는 양아버지의 유산, 이것이 사라지지 않는 한 설령 내가 파산하더라도 다시 성공할 자신이 있다. 나는 성공의 비밀을 알고 있으니 말이다.

아버지와 미래는 우직한의 생생한 일기에 눈을 떼지 못했다. 거기엔 할아버지의 유산이 고스란히 녹아 있었다. 한참 동안 페이지를 못 넘기고 있자, 우직한이 수첩의 뒷부분으로 페이지를 성큼 넘겼다.

1976년, 5월 5일

어린이날 아침에 아이들 문제로 집사람과 가볍게 다퉜다. 빚 하나 없이 집도 장만했고 통장 잔고도 제법 많으니까 이제 아이들에게만은 자린고비 짓을 그만 하라고 아내가 성화를 부렸다.

'자린고비라고?'

아내에게 자린고비라는 말을 들으니 가슴이 아팠다.

양아버지의 유산을 실천하고, 손안에 눈을 뭉치려면 그동안의 구두쇠 전략은 어쩔 수 없었던 일.

"손안의 눈은 녹는다. 녹기 전에 단단하게 뭉쳐라."

녹아 없어진 눈은 다시는 얻을 수 없게 된다. 이는 양아버지의 유산을 깨는 것이며 그 순간 꿈도, 희망도 같이 사라질 것이 뻔하다.

어쨌든 내 아이의 문제인지라 마음이 흔들렸다. 회사에서도 온종일 일이 손에 잡히지 않았다.

그런데 직장 동료인 김 선배가 좋은 방법을 알려주었다. 그 방법대로라면 아이들에게 상처를 주지 않으면서도 손안에 눈을 쥐고 고민할 필요가 없을 것 같았다. 어쩌면 아이들에게 양아버지의 유산 일부분을 가르쳐주는 것일 수도.

잊기 전에 다시 한 번 정리해놓는다.

1. 반드시 필요한 물건인지 온 가족의 동의를 얻어라.

아이가 정말 그것을 좋아하는 것인지, 아니면 '남들도 갖고 있으니까'

사주는 것인지 다시 한 번 생각해봐야 한다. 작은 지출이라도 합당한 이유가 없으면 보류하고 온 가족이 모두 승낙할 때에만 물건을 산다.

한편, 부모의 소비 습관도 함께 점검해볼 필요가 있다.

만약 친구가 새 차를 샀다는 이유로 새 차를 구매하는 부모라면, 나중에 아이들도 똑같은 요구를 할 가능성이 크기 때문이다. 또 아이와 함께할 시간이 많지 않은 부모가 보상 차원에서 아이에게 돈을 쓰는 것은 아닌지 반드시 점검해봐야 한다.

2. 가계부를 함께 쓰고, 월말 정산을 함께 한다.

가계부는 어른만 쓰는 것이 아니다. 아이들도 함께 참여시키게 되면 돈의 흐름을 배우고 불필요한 지출을 막게 해준다. 아울러 월말 정산을

함께 하게 되면 전기료, 가스료, 자동차 보험료, 카드대금 정산 등의 전 과정을 자녀가 지켜보면서 돈의 가치를 배우게 된다. 이 과정에서 자신이 함부로 지출하는 장난감, 군것질 등이 공짜로 생기는 것이 아니라는 사실을 자연스럽게 배우게 된다.

3. 아이마다 개별 통장을 만들어주고, 직접 관리하게 한다.
대부분의 어른은 아이들 돈을 직접 관리하는 경향이 있다. 이는 아이들에게 금융 지식을 쌓을 기회를 차단하는 것과 같다. 스스로 용돈을 관리하고, 그 차액을 저축하는 습관을 들이게 함으로써 훗날 종자돈을 만들고 자산을 관리할 수 있는 능력을 키워주게 된다.

4. 아이와 '흥정'한다.

아이가 장난감이나 자전거를 사달라고 요구한다고 그냥 사주지 않는다. 반드시 자기 용돈을 모아 사는 것을 기본으로 하고 일부만 보태주는 것이 좋다. 이렇게 되면 돈이 다 모였을 때는 아이가 이미 그 물건에 대한 흥미를 잃어버리는 일도 있고, 어렵게 모은 돈이라 자신에게 더 필요한 물건을 살 가능성이 크다. 이는 충동구매를 예방하는 데 있어 최고의 교육이 된다. 아울러 물건 구매를 할 때, 비교해서 고르는 습관이 붙으면서 선택의 중요성을 자연스럽게 배우게 된다.

'자식들에게 돈의 원리를 깨우치게 하려고 이렇듯 노력을 하다니!'

미래는 그저 놀랄 뿐이었다. 두 사람의 시선이 수첩을 떠나자 우직한이 조용히 입을 열었다.

"우리 애들은 독한 아버지를 만난 덕분에 어릴 적부터 한 푼이라도 그냥 낭비하는 경우는 없더군. 용돈을 받을라치면 자기들이 알아서 눈을 뭉쳐야 한다며 은행으로 쫓아가는 거야. 처음에는 우습기도 하고, 나중에 내 애들이지만 정말 대견하더라고. 용돈 받으면 슈퍼로 쫓아가는 주변의 철없는 애들과는 돈에 대한 개념이 180도 달랐던 거지. 나중에 애들이 대학갈 때 등록금은 물론, 대학 시절 내내 나한테 손 한번 안 벌렸다고 하면 자네 믿겠는가?"

"뭐? 4년간 자기들 돈으로 대학을 마쳤다고? 허허허, 정말 대단하네. 그 아버지에 그 아들일세그려. 특히, 철부지 애들이 용돈을 쓰지 않고 눈을 뭉친다며 저축했다는 사실은 정말 믿기지 않을 정도네. 부러우이."

"그렇게 말해주니 고맙네. 아무튼, 어려서부터 길러준 이런 절약 습관 덕분에 우리 애들이 돈에 대한 개념이 어른들 뺨칠 정도로 남달랐다네. 일찌감치 재테크에 눈을 뜨더니 이제 겨우 서른이 넘었을 뿐인데 벌써 제 돈으로 아파트를 장만했으니 말이야. 이런, 자식 자랑하면 팔불출이라는데."

"팔불출은, 무슨. 아무튼, 참 대단하구먼. 벌써 애들이 아파트를 장만했다는 사실이 정말 믿기지 않네그려."

아버지는 미래를 바라봤다. 넌 뭐했니? 하는 듯한 표정 같아 미래는 얼굴을 돌렸다.

미래는 잠시 생각에 잠겼다.

'손안에 쥐었던 그 많은 눈은 도대체 어디로 갔단 말인가? 다 녹아 없어졌겠지? 아, 녹기 전에 나도 빨리 뭉쳤어야 했는데……. 아버지 말씀대로 눈 뭉치를 녹기 전에 언덕에 굴렸어야 했는데…….'

우직한이 수첩을 닫으며 미래를 봤다.

"자네도 자네 할아버지의 유산을 평생 잊어서는 안 되네. 오늘 자네 아버지가 자네에게 '할아버지의 유산'을 물려줬다고 하니 나도 같이 지켜보도록 함세. 손안의 눈은 녹아 없어진다는 걸 깨달은 사람과 그렇지 못한 사람과의 차이는 실로 어마어마한 것일세. 같은 학교를 졸업하고 같은 출발선에 섰던 친구들이 20년, 30년 후에 만나 보면 신분 차이가 크게 나는 것을 발견한다네. 한마디로 같은 동기간에 부자도 생기고 빈자도 생긴다는 말일세. 만약에 동창회라도 갔다가 성공한 동창을 만나기라도 한다면 손안의 눈을 방치해서 종자돈을 날려버린 자신의 젊은 시절이 얼마나 후회되겠는가?"

우직한의 목소리는 낮지만 강했다. 우직한은 말을 마치고는 미래의 눈을 한참 들여다봤다. 마치 미래가 처한 상황을 아는 듯했다. 아버지는 그저 미래를 안쓰럽게 쳐다볼 뿐이었다.

우직한과 헤어지고 펜션을 떠나 집에 온 지 이틀이 지났다. 아내 설희와 화해는 했지만 서먹서먹한 감정은 그대로였다. 미래는 이대로는 안 되겠다는 생각에 작심한 듯 컴퓨터를 켰다. 그동안 손안에서 허망하게 녹아 없어진 눈 뭉치를 가늠해봤다. 졸업 후 직장생활을 통해 만들었던 돈이 대략 7천만 원 정도였다. 그런데 지금 자동차며 카드 할부 대금이며 빚만 3천만 원이 남았다. '그렇다면, 도대체 1억 원이라는 큰돈은 몽땅 어디로 사라졌단 말인가!'

컴퓨터가 부팅되기를 기다리다가 미래의 손은 무의식적으로 무언가를 찾았다. '아, 커피!' 지난 4년간 하루에 두세 잔은 반드시 마실 정도로 미래는 커피 애호가였다. 그것도 고급 커피인 '카라멜 모카'. 미래는 자신이 마신 커피가 바로 '손안의 눈'이었다는 사실에 이마를 쳤다. '또 뭐가 있더라? 그렇지, 택시비!' 주차비 핑계를 대며 외근 나갈 때마다 항상 택시를 타고 다녔지. 이것도 '손안의 눈'이었다. 지하철을 타고 다녀도 충분한 것을……. 한참을 자책하던 미래는 컴퓨터에다가 사라져버린 '손안의 눈'을 하나씩 채워 나갔다.

손안의 눈

• 하루 평균 택시비 :	10,000원
• 한 달 평균 근무일 :	20일
• 4년 일수 :	960일
• 4년간 택시비 :	960일 × 10,000원
• 녹아 없어진 눈(금액) :	9,600,000원

'헉! 9백만 원이 넘잖아?'

1억 원의 눈 뭉치 중 9백만 원을 넘는 큰 금액이 단순히 택시비로 허망하게 녹아 없어진 것이다. 조금 편하자고 맞바꾼 금전적 손실이 무려 9백만 원이 넘는다는 사실에 미래는 속이 쓰렸다. 그렇다면, 커피 값으로 날린 금액도 택시비와 거의 비슷할 것 같았다. 설마 커피 값으로? 계산하기가 두려웠다. 미래는 나머지 사라진 금액의 행방을 쫓았다. 대체 그 많은 돈이 또 어디로 사라졌단 말인가?

아, 그렇지! 2년 전에 구입한 SUV 자가용! 힘이 쭉 빠졌다. 컴퓨터 앞으로 몸을 바짝 붙이고 있던 미래는 상체를 의자 뒤로 획 젖혔다. 푼돈의 택시비가 이 정도면 1리터당 1,600원하는 차 연료비는 오죽하겠는가! 거의 매주, 주말에 차를 끌고 야외를 나갔으니 계산을 해보지 않아도 '손안의 눈'이 얼마나 녹았을지 짐작이 되었다.

게다가 자동차 구입 당시 보증금 1,500만 원에 매달 할부금만 꼬박 45만 원을 내고 있지 않은가. 아, 또 있다! 결혼식 때도 굳이 고급 예식장에서 할 필요가 없다는 설희의 의견을 무시하고 내 의견대로 강행했었지. 한 번 하는 거 제대로 하자고 무리한 것이 결국, 추가 비용만 350만 원을 더 썼지 않은가. 미쳤지! 미래는 손안에서 1억 원이 넘는 눈 뭉치가 몽땅 녹아내렸음이 피부로 느껴졌다. 사라진 돈은 그렇다 치고 이제 갚아야 빚은 어쩐다? 이곳에 오기 전, 설희가 내뱉은 앙칼진 목소리가 귓가에 맴돌았다.

"아, 담배 좀 그만 피워! 미래 씨는 우리의 미래가 걱정도 안 돼? 지금 당장, 담배라도 좀 끊어보라고! 그 정도 노력이라도 해야 하는 거 아니야?"

미래는 머리를 감싸 안았다. 자신도 모르게 담뱃갑에 손이 갔다. 담배를 한 개비 빼다 말고 설희의 말이 떠올랐는지 담뱃갑을 방바닥에 홱 팽겨 쳤다.

미래는 그날 밤 한숨도 자지 못했다. 돈을 무모하게 낭비한 것도 아까웠지만 4년이란 세월이 '손안의 눈'과 함께 녹아버렸다는 사실이 한없이 허탈했다. 돈과 세월, 어쩌면 그 이상의 것도 함께 녹아버렸는지 모를 노릇이었다. 설희가 자신으로 인해 불행해질까봐 미래는 처음으로 두려움을 느꼈다.

단단히 작정을 한 미래는 날이 밝자 우선 갖고 있는 카드를 모두 가위로 잘라버렸다. 카드의 편리함을 누리기에는 자신의 자제력이 부족하다는 사실을 인정했다. 감당할 수 없으면 차라리 버리겠다는 각오로 카드를 잘랐다. 그뿐만 아니라, 그동안 월세로 살던 오피스텔도 정리하고 아버지 집으로 들어갔다. 한 달 월세 50만 원을 지불할 능력이 그에겐 없었다. 설희가 반대하리라 예상했지만 미래의 형편을 아는지 순순히 응했다. 일단 숨통이 트였다.

마지막으로 '우직한' 아저씨처럼 차를 버리고 걸어보기로 작정했다.

구두끈을 조이며 나선 미래는 심호흡을 했다. '우직한' 아저씨처럼 하루에 세 시간씩 걷지는 못하더라도 최소한 걸을 수 있는 길은 걷기로 했다. 은색 SUV 자동차는 당분간 주차장에 세워두기로 했다.

처음 걷는 출근길은 무척 생소했다. 마음은 급하고 발걸음은 무거웠다. 걷기 시작한 지 30여 분이 지나서 이마에 땀방울이 맺히면서 조금씩 적응이 되기 시작했다. 주위에 출근하는 사람들도 서서히 눈에 들어왔다. 미래의 옆을 빠르게 스쳐 가는 사람들의 표정이 하나같이 어두웠다.

'이 사람들도 모두 나처럼 빚을 안고 있을까?'

미래의 회사는 마포역을 끼고 50미터 정도 뒤편에 자리 잡고 있었다.

'스카이조명INC'

막 자리에 앉으려는 미래에게 누군가 다급하게 다가왔다. 좁은 미간에 긴 턱의 사내, 부서 팀장인 김교만이었다.

"여, 홍 대리. 휴가 잘 갔다 왔어?"

"아, 네 팀장님. 죄송합니다. 일이 많은데 저 혼자만 갔다 와서……."

"알기는 아는 모양이네. 그건 그거고, 자네 이번에 우리사주 배정되는 거 받을 거야?"

"네? 우리사주요?"

미래는 무슨 말인지 모르겠다는 듯 고개를 갸웃거렸다. 그 모습을 보던 김교만은 혀를 끌끌 차며 말했다.

"홍 대리, 이 생각 없는 친구야……. 내일이 우리사주 신청 마지막 날인데 아직 그것도 모르고 있었나?"

"……."

"홍 대리! 남들은 한 주라도 더 받으려고 사내 대출을 받네 뭐네 하면서 난린데 대체 자넨 무슨 생각으로 사는 거야?"

"팀장님, 그거 받으면 좋은 건가요?"

미래가 자신 없는 말투로 되묻자 김교만은 다시 한 번 혀를 끌끌 차며 말했다.

"정말 개념 없는 친구네! 이 친구야, 정신 좀 차리고 살자, 응? 월급만 받을 생각하지 말고 회사 돌아가는 사정도 좀 챙기고, 그리고 뭐가 돈이 되는지 안테나를 돌려가면서 말이야. 쯧쯧."

김교만은 한심하다는 듯 미래를 한참 쏘아보다가 옆방 자기 사무실로 돌아갔다.

미래는 기다렸다는 듯이 한 층 아래에 있는 경리과로 내려갔다. 학교 선배 고상수가 담당 과장으로 있었다.

"선배님, 지난번 선배님이 안 계신 바람에 밑에 여직원이랑 대판 싸웠지 뭐예요. 가불 좀 신청한다고 얼마나 딱딱거리던지, 나 원 참."

미래가 볼멘소리로 말했다. 그러자 인사과 선배는 서류 뭉치를 찾아서는 미래에게 확 던졌다.

"홍미래! 이것 보라고. 너라면 신불자에게 돈 빌려주겠냐? 엉? 신용불량 걸려 있으면 걸려 있다고 솔직하게 말해야 하는 거 아니냐? 그리고 이런 건 달러 빚을 내서라도 진즉에 풀었어야지! 이제 사내 대출도 불가능하단 말이야, 한심한 친구야!"

'신용불량?'

미래는 마치 망치로 뒤통수를 얻어맞는 듯 정신이 멍했다. 까짓 거 어떻게 되겠지 하고 가벼이 넘긴 카드빚이 자신을 '신용불량자'로 만들었다. 순간 얼굴이 후끈 달아올랐다. 그 외중에도 부끄러운지 미래는 주위를 살폈다.

'아, 돈이 없다는 것이 이렇게 수치스러울 줄이야!'

"이제 어떻게 할 거야? 나로서도 딱히 도와줄 방법이 없어."

선배 과장은 다소 노여움이 풀렸는지 목소리를 낮췄다. 그때였다. 입사 동기인 여직원이 지나가면서 측은한 듯 혀를 찼다. 그 여직원은 자신에게 종종 스타벅스 커피를 사게 했고 종종 저녁을 사게 했던 동료였다. 미래는 그녀의 얄미운 표정을 보는 순간, 그동안 미친 짓 했다는 자괴감에 입술을 꽉 깨물었다.

그날 저녁, 미래는 입사 동기인 해외영업 2팀의 최도전 과장과 지하 식당에서 마주했다.

"어이, 최 대리! 아니 이제는 최 과장이라고 해야겠지? 늦었지만 과장으로 승진된 거 축하해!"

"고마워. 너도 이번에 승진했어야 했는데."

"나야, 뭐……. 다음에 또 기회가 오겠지 뭐. 그래도 우리 동기 중에 너라도 된 게 어디냐?"

"이봐, 홍 대리. 이번에 자네가 속한 국내영업 1팀만 승진 대상자가 없다는 거 알고 있지?"

"응."

"너희 팀도 그렇고 너도 많이 분발해야 할 거야. 요즘 회사 분위기 살벌한 거 알고 있지? 우리 스카이조명, 이번에도 상장 못하면 부사장은 물론 본부장급은 모두 잘린다고 하더라."

"그래? 설마 했는데 사실이구나. 이번 상장 심사는 언젠데?"

"9월, 그러니까 한 7개월 남았을 거야."

"도대체 상장 심사에서 두 번이나 떨어지는 이유가 뭐야?"

"실적이지 뭐. 설립연도나 자본금, 상장주식수 등 웬만한 것은 다 통과했는데 역시 증권거래소 입성을 원하는 기업이 많다 보니 상대적으로 외형이 커야 하는데 거기서 많이 밀리나 봐."

"그랬구나. 그러니 우리 1팀이 찬밥 취급을 받았지. 우리 팀이 불명예스럽게도 지난 3분기 부서별 매출 증가율이 꼴찌였거든. 아마, 자네 팀은 매출 증가 2위였던가 했지?"

"아니야, 우리도 재고분 강제로 떠넘기다시피 해서 겨우 하위권 면한 정도야."

"휴, 왜 이렇게 사는 게 힘드냐?"

"이봐, 홍 대리. 음…… 화 내지 말고 듣게. 내 친구로서 한마디 충고 좀 할 테니."

"화를 내기는, 친구가 충고한다는데, 그래 뭔데?"

"자네 이번에 감원 대상에 올랐었다는 얘기가 사내에 파다해."

"뭐? 말도 안 돼. 내가 왜?"

미래는 자신이 감원 대상에 올랐다는 입사 동기의 말에 순간적으로 울컥했다.

설마, 하는 마음이 들었지만 막상 남의 일로만 치부했던 감원 대상에 자신의 이름이 올랐다는 사실에 흥분했다.

"누, 누가 그래? 지금까지 나한테 아무 일도 일어나지 않았잖아!"

"흥분하지 말고 들어. 이번에 강철중 본부장이 아니었으면 자네 벌써 퇴사 처리되었을 거래. 네가 처음 들어왔을 때 강 본부장이 아마 팀장이셨지? 지난달 임원회의에서 자네의 개인적인 재정 문제로 아까운 인재를 잃어서는 안 된다고 강하게 어필하셨나 봐. 못 믿겠으면 네 팀장인 김교만 선배한테 물어보던지."

미래는 흥분했는지 얼굴이 붉게 달아올랐다.

"아니, 회사가 나한테 어떻게 이럴 수 있어? 내가 이 회사를 위해 얼마나 고생했는데! 입사 1년 만에 지금 거래처 중에 큰 거 두 개는 내가 뚫은 거야. 왜 이래? 자네도 알잖아?"

"나야 알지. 근데 어디 회사란 곳이 과거의 실적만 갖고 평생 자리를 보전할 수 있는 게 아니잖아. 자네, 이번 기회에 확실히 변해야 할 것 같아. 개인 빚도 빨리 갚고 말이야. 이번 정기 감사에 경리과 고상수 선배가 자네 때문에 입장이 난처했던가 봐. 아무튼, 우린 영업사원이야. 실적으로 평가받는 영업사원이란 말이야. 매출 많이 올려서 가시적인 성과를 보이지 않는 이상, 자네나 나나 자리 보존하기 쉽지 않을 거야. 좀 속상하겠지만, 이것이 기업의 속성이고 또 우리는 월급 받는 직장인으로서 당연한 의무가 아닐까 생각해. 우리, 현실을 받아들이자고."

그날, 미래는 어떻게 집으로 돌아왔는지 기억이 나지 않았다. 그 정도로 충격이 컸다.

'내가 까딱했으면 백수가 될 뻔했었다?'

입사 후, 단 한 번도 생각하지 못했던 끔찍한 일이었다. 서른 넘은 나이에 어디 신입 직원으로 갈 수도 없는 형편이었다. 미래는 입사 후 처음으로 직장에서 퇴출당할 수도 있다는 사실에 공포를 느꼈다. 개인 빚은 줄어들 기미가 없는데 회사 내에 자신의 입지는 자꾸 좁아지고 있다. 미래는 극심한 두통과 함께 가슴 저 밑에서 뜨거운 것이 솟구쳤다.

눈 덩이는 긴 언덕에서 오랫동안 굴려라

복리 효과

그로부터 이십여 일 후, 설희와 여전히 냉각기 중에 황금 연휴가 하루 앞으로 바짝 다가왔다. 미래는 조급증과 답답함에 초저녁부터 맥주를 들이켰다.

그때였다. 마을 잔치에 갔던 아버지가 돌아왔다. 손에 든 떡 봉투를 미래 앞에 툭 던지며 말했다.

"에그 젊은 놈이 초저녁부터 술이나 마시고, 쯧쯧. 그나저나 너, 내 친구 중에 '맨해튼 신사'라고 알지?"

"네, 잘 알죠. 어디 그분 얘기를 하신 적이 한두 번인가요 뭐."

"그래, 그런데 그 친구가 내일 드디어 나를 보러 온다는구나. 지난번에 그 펜션 알지? 거기에서 만나기로 했단다."

"내일요? 그런데요?"

미래는 자신한테 왠지 귀찮은 일이 생길 것 같아 퉁명스럽게 말을 뱉었다.

"응, 내가 말이다. 갑자기 급한 일이 생겨서 내일 그 친구를 못 만날 것 같아서 말이야. 오랜만에 만나는 친구인데 아무도 대접하지 않는다면 얼마나 서운하겠니. 네가 나 대신 펜션에서 그 친구를 맞아주도록 해라."

미래는 못 들은 척 고개를 돌렸다. 이번 연휴는 설희와 여행을 떠나려고 작정한 미래였다. 이번 기회에 설희와 화해할 계획이었는데 완전히 틀어질 판이었다. 도저히 아버지 청을 승낙하기 어려운 미래는 아버지를 돌아보며 말했다.

"아버지, 이번엔 곤란합니다. 선약이 있어서요. 전에 말씀드린……."

하지만, 미래는 말을 채 잇지 못했다. 아버지는 방 두 개를 예약해 두었으니 꼭 네가 가줘야겠다는 말을 남기고는 서둘러 문을 나섰던 것이다. 평소의 아버지와 다르게 행동이 단호했다.

다음 날, 미래와 설희는 오랜만에 차를 몰고 나들이를 나섰다. 아버지의 부탁은 일단 설희에게 비밀로 했다. 황금연휴를 아버지 대신해서 얼굴도 모르는 노인네에게 쓴다고 하면 대판 싸울 것이 분명했다.

오랜만에 나들이를 가자는 미래의 말에 설희는 한껏 마음이 부풀었다. 창밖으로 손을 내밀고 찬바람을 맞아보기도 하고 콧노래를 흥얼거리기도 했다. 곧 실망할 설희의 표정을 생각하면 눈앞이 캄캄했지만, 딱히 변명할 말이 없었다. 일단 방이 두 칸이니까 노인네에겐 적당히 혼자서 말 상대를 해주면서 설희에겐 양해를 구하면 되지 않을까 생각했다.

펜션 입구에 다다를 즈음, 눈발이 날리기 시작했다. 제법 눈송이가 굵었다.

"와! 눈이다!"

2월에 내리는 눈치고는 함박눈이었다. 설희는 어린아이처럼 좋아했다. 창밖으로 손을 뻗치던 설희가 무엇인가를 발견하고는 큰 소리로 소리쳤다.

"어머! 이런 외진 곳에 저렇게 멋있는 별장이 다 있네!"

설희는 손으로 언덕 밑을 가리키며 신기해했다. 거기엔 원목으로 지어진 펜션이 아담하게 자리 잡고 있었다. 펜션 뒤로 푸른 소나무들이 십여 그루 서 있었고 나뭇가지마다 눈꽃이 맺혀 있었다. 불과 한 달 전, 할아버지 유산을 받으려 아버지와 함께 왔었던 바로 그 펜션이었다. 펜션 뒤편의 산봉우리는 40년 전, 할아버지가 아버지를 포함한 세 자식을 불러내어 평생을 살아갈 유산을 물려준 곳이기도 했다.

서서히 속도를 줄여 펜션 입구와 붙어 있는 오솔길로 접어들자 설희는 깜짝 놀라며 소리쳤다.

"어? 우리, 여기서 묵는 거야?"

"그래. 우리 여기서 하루 묵고 가자. 그러려고 아까 시장을 봤던 거야.”

“오, 홍미래! 오늘 조금 마음에 드는데. 좋았어. 까짓 거 내 하루 묵어주지. 근데 참 별일이다. 미래 씨한테 이런 면도 다 있고.”

펜션을 보며 너무 좋아하는 설희를 보고 미래는 대충 얼버무렸다.

“응, 웬일로 아버지께서 여기에 방을 예약해두셨다며 우리더러 푹 쉬다가 오라고 하시더라고.”

“뭐? 아버님이? 너무 감사하시다. 아이 좋아!”

설희는 그동안의 냉전을 말끔히 잊었는지 미래의 목을 끌어안으며 즐거워했다.

간단히 짐을 풀고서 미래는 설희의 손을 잡고 펜션 뒤에 있는 언덕을 올랐다. 입춘이 지났건만 언덕은 순백의 눈으로 뒤덮여 있었고 나무마다 눈꽃이 장관이었다.

“눈 덮인 산이 이렇게 예쁜 줄은 정말 몰랐어. 미래 씨, 우리 집에 가지 말고 여기에서 당분간 살았으면 좋겠다. 돈 걱정 없이 말이야.”

설희가 행복한 표정으로 말했다. 그동안 서로에게 쌓인 감정이 눈 녹듯 사라진 것 같아서 미래는 무척 기뻤다. 그러나 한편, 그동안 힘들었을 설희를 생각하니까 마음이 아팠다.

“설희야! 그동안 내 잘못이 컸다. 이제부터라도 잘할게. 날 용서해줘.”

설희는 대답 대신에 미래를 살짝 포옹했다. 설희의 눈에 살짝 눈물이 맺혔다.

미래는 산을 오르며 아버지와 함께했던 일들을 떠올렸다. 그때 약속했던 할아버지의 유산은 여전히 먼 곳에 있었다. 미래는 한 달 동안 딴에는 한다고 했지만 그의 재정 상태는 쉽게 호전되지 않았다. 설희는 미래의 표정이 시무룩한 것을 보고는 눈을 뭉쳐 미래에게 던졌다. 미래를 눈밭에 넘어뜨리기도 하고 눈 뭉치를 옷 속으로 넣기도 했다. 한참을 눈밭에 뒹굴다가 허기를 느낀 두 사람은 펜션으로 돌아왔다. 시간은 어느덧 오후 두 시를 훌쩍 넘겼다. 2층 방에서 옷을 갈아입으며 창밖을 내다보던 두 사람은 펜션 앞마당에 승용차가 한 대 서 있는 것을 발견했다.

"우리 말고도 손님이 있었나 보네."

창밖을 내다보던 설희가 말했다.

미래의 마음이 급해지기 시작했다. '손님이 도착했다. 이제 내가 나서야 한다.' 미래는 설희에게 이실직고를 해야 할 상황이 다가오자 초조해지기 시작했다. 그때 창밖 저 멀리 오솔길에서 시끌벅적한 소음이 들려왔다. 거기엔 전에 만났던 우직한과 사정이 있어 이곳에 오지 못한다던 아버지가 이쪽을 바라보며 서 있었다. 미래는 짐짓 놀란 척하며 호들갑스럽게 말했다.

"어, 아버지가 오셨네? 아버지 친구 분이 이 근처에 사신다고 하더니만……."

"뭐라고? 아버님이?"

설희는 깜짝 놀란 듯 미래를 밀어내며 창밖을 내다보았다.

"어, 정말 아버님이 와 계셨네. 와! 잘됐다. 마침 음식도 많이 준비해 왔는데."

미래는 설희의 호응에 적잖이 놀랐다. 순간 자신도 모르게 설희의 허리를 감고는 살짝 안아서 올렸다.

"왜 이래? 오늘따라 우리 신랑이 마치 아기처럼 착하네."

"그렇지? 내가 원래 착하거든. 설희야, 이것저것 모두 고마워. 그리고 오늘 너무 예쁘고."

"싱겁기는. 참, 미래 씨! 이러고 있을 틈이 어디 있어. 얼른 나가봐야지."

두 사람은 외투를 걸치고 마당으로 내려섰다. 저만치 아버지가 보였고 그 옆에는 '우직한'이 아버지를 부축하면서 내려오고 있었다.

미래는 우연히 아버지를 이곳에서 만난 것처럼 호들갑을 떨었다. 아버지는 한쪽 눈을 찡긋 감아 보이며 짐짓 모른 척했다. 우직한에게는 정중하게 인사를 했으나 미래는 염치가 없는지 얼굴을 들지 못했다. 우직한은 그러한 미래의 마음을 아는지 크게 내색하지 않았다. 설희는 식사 준비를 한다고 펜션으로 들어가고 마당에 셋만 남았다.

이윽고 셋은 약속이나 한 듯 산모퉁이를 향해 몸을 돌렸다. 그때였다. 산모퉁이 너머에 검은 물체가 나타났다. 온통 흰 눈으로 뒤덮인 곳이라 쉽게 눈에 뜨였다. 세 사람은 동시에 손바닥으로 햇살을 가리며 산모퉁이 너머를 바라봤다. 택시였다.

이윽고 아버지가 입을 열었다.

"음, 맨해튼에서 드디어 손님이 날아온 모양이다!"

"네? 맨해튼요? 아니 그 뉴욕에 있는 금융 중심지, '맨해튼'을 말씀하시는 건가요?"

미래는 아버지를 보며 놀란 듯 물었다. 아버지는 담담하게 말을 받았다.

"그래, 맨해튼!"

"저는 또, 친구 분 별명이 그냥 '맨해튼 신사'인 줄 알았네요."

"허허허, 그랬니. 내 친구는 맨해튼에서 크게 성공하고, 거기에서 국제적인 신사로 대접받는 아주 훌륭한 친구란다."

미래는 '우와!' 하며 아버지를 존경의 눈으로 봤다. 도저히 믿기지 않는다는 표정을 한 채 말했다.

"우와! 아버지 친구 분께서 맨해튼에서 성공하셨다는 것이 안 믿겨요. 게다가 국제적인 멋쟁이시라니!"

아버지는 등을 보인 채 큰길을 향해 종종걸음으로 마중을 나섰다. 미래의 호들갑에 큰소리로 말했다.

"암, 멋쟁이는 멋쟁이지. 오죽하면 별명이 '맨해튼 신사'겠니!"

아버지를 따라 나머지 두 사람도 큰길 쪽으로 마중 삼아 걸었다. 50여 미터를 걸어가던 아버지가 제자리에 섰다. 두 사람도 아버지 옆에 나란히 섰다. 이따금 바람을 타고 날아오는 눈발이 얼굴을 때렸지만 세 사람 모두 꿈쩍도 하지 않았다.

이윽고 검은색 택시가 앞에 서더니 문이 열렸다. 흰색 정장에 롱코트, 황금색 중절모의 노인이 택시에서 내렸다. 한눈에도 기품이 있어 보였다.

"자네가……."

아버지의 말끝이 가볍게 떨렸다. 그러자 롱코트의 맨해튼 신사가 허리를 숙이며 와락 아버지를 껴안으며 말했다.

"하하, 날세. 나야."

아버지도 질세라 맨해튼 신사를 껴안았다. 우직한도 허리를 숙여 세 사람이 함께 껴안았다.

"하하하, 안 죽고 살아 있으니 모두 이렇게 만나는구면."

맨해튼 신사의 중절모가 벗겨져 떨어졌다. 미래는 잽싸게 중절모를 집어 들고 맨해튼 신사에게 건넸다. 다소 큰 치수의 롱코트로 몸을 가렸지만, 얼굴과 체형은 왜소했다. 군데군데 드러난 목덜미 사이로 주름이 깊게 잡혔다.

아버지와 우직한, 그리고 맨해튼 신사는 어깨동무를 한 채 펜션을

TAXI

향해 언덕을 올라갔다. 미래는 몇 미터 떨어진 채 그들의 뒤를 따랐다. 서로 안부를 묻는 이야기가 유쾌하게 쏟아졌다. 잠시 후 미래의 귀를 쫑긋하게 하는 소리가 들렸다.

"그나저나 자네 미국에서 돈을 그렇게 많이 벌었다던데 사실인가?"

우직한의 말이었다. 그러자 맨해튼 신사가 호탕하게 웃으며 말을 받았다.

"돈? 글쎄……. 벌었다기보다는 그냥 제 발로 들어왔다는 것이 정확한 표현일 거야. 나는 정말 한 것이 없는데 말이야."

아버지가 믿기지 않는다는 표정을 지었다. 우직한도 눈을 크게 뜨고 맨해튼 신사를 쳐다봤다. 맨해튼 신사는 농담이 아니라는 듯 손을 저으며 말했다.

"정말이라니까! 나는 정말 한 게 없어. 내 재산을 불려 준 건 내가 아니었으니까."

미래는 그 이야기를 들으며 재산관리인이 따로 있다는 생각을 했다. '정말 부자인가 보네!' 새삼 맨해튼 신사의 뒷모습이 크게 보였다.

산속의 어둠은 빨리 찾아왔다. 설희가 차린 저녁을 맛있게 먹고 난 후 모두 거실에 둘러앉았다.

"하하하. 저기, 저 봉우리 맞지?"

맨해튼 신사가 가리킨 곳은 한 달 전, 아버지와 함께 섰던 곳이었다. 그때 아버지는 그곳에서 할아버지의 유산을 말씀해 주셨다. 늦은 오후라 주변은 어둑어둑했지만, 산봉우리는 유난히 빛이 났다.

아버지도 산봉우리 쪽으로 눈길을 돌리며 말했다.

"저 봉우리를 아직도 기억하는가?"

맨해튼 신사는 감격에 겨운 눈빛으로 창틀에 손을 얹고 말했다.

"어떻게 잊겠는가? 저곳에서 나의 인생이 시작되었는데. 허허허."

"자네도 그랬는가? 나 또한 그랬지."

우직한이 감회 어린 표정으로 말했다. 이어서 맨해튼 신사가 가볍게 웃으며 말했다.

"그런데 말일세. 아버님이 몸으로 보여주신 그 위대한 법칙을 깨달은 것은 한참 후의 일이었다네."

미래는 커피 물을 올려놓으며 그들의 이야기에 온 신경을 곤두세웠다. 맨해튼 신사의 목소리는 회한에 젖은 듯 간간이 끊겼다.

"자네 이 말씀 기억나는가? 손에 쥔 눈은 녹기 전에 뭉쳐라. 그리고 거침없이 언덕으로 굴려라."

아버지가 조용히 고개를 끄덕였다. 우직한도 고개를 끄덕이며 맨해튼 신사를 바라봤다.

"나는 아버님의 그 말씀을 깨닫는 데 적지 않은 세월이 걸렸다네."

아버지가 조금 놀란 표정으로 물었다.

"자네는 미국으로 건너가기 전에 이미 상당한 자산가였지 않았는가?”

“그래, 그랬지. 젊은 시절 잠깐 운이 트이면서 재산을 좀 모았지. 하지만, 쉽게 들어온 돈은 역시 쉽게 나가더라고. 땀 흘려 벌지 않아서 그런지 눈 깜짝할 사이에 빈털터리가 되고 말더군.”

미래는 커피 잔을 세 사람 앞에 조심스럽게 내려놓았다. 맨해튼 신사가 미래를 올려다보며 말했다.

“참, 자네 아들 이름이 미래라고 했나? 홍미래?”

아버지가 고개를 끄덕이며 말했다.

“그렇다네, 자네가 온다니까 이 아이가 기대를 많이 하더군. 자네가 한 수 가르쳐 주게나.”

“나보단 자네가 낫지. 나야 지나가는 손님이고 자네는 이 아이의 아버지가 아닌가. 그래 어디 보자…… 아들이 참 잘생겼네.”

미래는 쑥스러워하다가 맨해튼 신사를 보며 조심히 입을 열었다.

“정식으로 인사드립니다. 홍미래라고 합니다. 그동안 아버지께 말씀 많이 들었습니다.”

“허허, 그랬는가? 음, 미래라……. 아들 이름이 참 좋구먼. 그런데 내가 가르침을 줄 게 있으려나 모르겠네. 나는 그저 운이 좋았다는 생각에는 지금도 변함이 없으니까 말일세.”

“운이라니! 이 세상에 운으로 모든 것이 해결되는 일은 없네. 자네만의 노력과 비결이 있었기에 오늘의 자네가 있지 않았겠나.”

아버지는 절대 그렇지 않다는 듯 손을 저으며 말했다. 맨해튼 신사는 잠시 고개를 떨어뜨리더니 천천히 입을 뗐다.

"나는 한때 아버님의 첫 번째 가르침을 잊은 대가로 가진 재산을 몽땅 날려야만 했지. 그리고 사람까지 모두 잃었다네."

아버지와 우직한이 고개를 끄덕였다. 당시의 상황이 기억난 듯 모두 표정이 어두웠다.

"그래도 이 사람아, 얼굴은 보고 떠났어야지……."

아버지가 타박하듯 말했다. 맨해튼 신사는 천천히 머리를 들더니 입을 뗐다.

"그때는 그럴 용기도 없었다네. 그저 부끄럽고 창피해서 먼 곳으로 도망갈 생각만 했으니까."

"그래 이해하네. 참 힘들었을 거야. 그건 그렇고 미국에 가서는 어땠는가?"

"처음에는 한국에서의 생활을 잊지 못해서 마음고생이 많았지. 당시 한국은 고도성장기로 막 접어들 때여서 기회가 많았거든. 하지만, 미국은 그런 기회가 도통 보이지 않는 데다가 언어까지 통하지 않으니……."

맨해튼 신사가 미간을 찡그리며 말했다. 그러자 아버지가 맨해튼 신사의 어깨를 두드리며 밝게 말했다.

"그래도 참 장하네. 낯선 타국에서 이렇게 성공을 했으니 말이야.

자, 우리 구질구질한 고생담은 나중에 하고 자네가 성공한 이야기나 먼저 들어보세."

아버지가 무릎걸음으로 한 발짝 다가앉았다. 그러자 우직한도 눈짓으로 이야기를 재촉했다. 맨해튼 신사는 겸연쩍게 한 번 웃더니 이야기를 시작했다.

"처음에는 한국인이 운영하는 한정식 식당에서 점원으로 근무했지. 그곳에서 몇 년 있으면서 요리 기술을 배웠던 거야. 그런데 그 건물 주인이 드물게도 인디언 혈통이었다네."

"맨해튼에 소재한 건물이었나?"

아버지가 호기심 가득한 눈빛으로 물었다.

"그렇다네. 백인들의 상징처럼 여겨지던 곳에 원래 그 땅의 주인이 사는 셈이었지."

"참 드문 경우구먼. 인디언은 모두 보호구역 내에서 사는 것으로 생각하는 사람도 많은데 말이야."

아버지가 별난 일이라는 듯 이야기했다. 이어서 맨해튼 신사가 말을 이었다.

"그런데 그 사람은 뭔가 특별했네. 가끔 교외에 있는 자신의 집에서 가든파티를 열 정도로 사교적인 사람이었어. 세입자들은 물론이고 종업원들까지 초청했지."

"그래서 자네도 초청을 받았나?"

우직한이 물었다. 맨해튼 신사는 고개를 끄덕이며 말했다.

"아무렴. 그런데 그 파티가 내 인생에 중대한 전환점이 될 줄은 꿈에도 몰랐었지."

"중대한 전환점?"

아버지와 우직한이 동시에 물었다. 맨해튼 신사는 좌중을 둘러보며 진지하게 이야기했다.

"그래, 잘못된 방향으로 흘러가던 내 인생의 길을 제대로 잡아주었다고 해야겠지."

"오호, 그거 참 흥미롭군. 그래, 도대체 그날 자네에게 어떤 일이 있었던 건가?"

아버지가 물었다. 우직한과 미래는 귀를 쫑긋하며 맨해튼 신사의 입을 주목했다. 맨해튼 신사는 목이 마른지 물을 한 잔 마셨다. 그리곤 천천히 입을 뗐다.

"그날 말이야. 내가 본 것은 그의 거실에 걸려 있는 커다란 액자였네."

"액자? 거기에 값비싼 그림이라도 있었나?"

우직한이 물었다. 그러자 맨해튼 신사는 조용히 고개를 저으며 말했다.

"아닐세, 단 한 줄의 글귀였다네."

"글귀? 어떤 글귀?"

우직한이 물었다.

"거기엔 커다란 글씨로 이렇게 쓰여 있었네. '맨해튼 인디언은 결코 어리석지 않았다' 이렇게 말일세."

"뭐라고?"

아버지와 우직한이 이해가 되지 않는다는 표정으로 물었다. 맨해튼 신사는 빙긋이 웃으며 말했다.

"아버님이 남겨주신 유언 중에 두 번째를 기억하는가?"

"물론이지! 그걸 어떻게 잊을 수가 있는가. '눈 뭉치는 긴 언덕에서 오랫동안 굴려라!' 한시도 잊지 않은 가르침이었네."

우직한이 잘라 말했다. 이어서 맨해튼 신사는 눈빛을 반짝이며 말을 받았다.

"아버님의 두 번째 가르침이 바로 그 액자에 걸려 있었다네."

"무슨 말씀이신지요?"

미래가 궁금증을 참지 못하고 끼어들었다. 맨해튼 신사는 그런 미래를 바라보며 반색을 했다.

"아, 미래 군. 볼수록 인상이 좋아. 자네 할아버지를 쏙 빼닮았구면. 그래, 내 얘기가 궁금한가?"

"네, 아저씨. 너무 궁금합니다. 할아버지의 유언과 맨해튼 인디언과 무슨 관계가 있다는 말씀이신지, 전혀 감이 잡히지 않습니다."

"허허, 그럴 거야. 그런데 자네, 할아버지의 유산이 무엇인지는 알고 있는가?”

“네, 한 달 전쯤에 아버지께서 할아버지의 유산을 전해주셨습니다. 제가 아직 실천을 하지 못하고 있지만 조만간 할아버지의 유산을 실천하면서 지혜롭게 살 계획입니다.”

맨해튼 신사는 무릎을 탁 치며 밝게 말했다.

“암, 그래야지. 실천에 앞서서 일단 하고자 하는 의지를 갖는 게 중요하지. 역시 아버님의 손자다워.”

맨해튼이 미래의 어깨를 다독이자 우직한도 미래를 보며 말을 거들었다.

“부디, 자네만큼은 할아버지의 가르침대로 살아야 하네. 인생을 살아가는 모든 지혜가 담겨 있는 큰 가르침이니까.”

미래는 설희의 눈치를 살피다가 ‘네, 알았습니다!’ 하고 큰 소리로 대답했다. 그런 미래를 향해 설희가 가만히 미소를 지었다. 아버지와 우직한, 그리고 맨해튼 신사의 화제는 다시 맨해튼 인디언으로 돌아갔다.

“아버님이 40년 전 우리에게 남기신 두 번째 유언은 바로 ‘눈 뭉치는 긴 언덕에서 오랫동안 굴려라’ 이거였지. 근데 이는 바로 복리의 위대함을 말씀하셨던 것이 아닌가.”

“그러게, 그랬지. 물론 나랑은 해당 사항이 없다고 생각해서 평소 실천을 못했지만 말이야.”

우직한이 고개를 끄덕이며 말했다. 맨해튼 신사의 말이 이어졌다.

"허허허, 그랬는가? 혹시 자네들 맨해튼 섬이 380년 전, 얼마에 팔렸는지 아는가?"

"맨해튼 섬? 그 땅이 380년 전 누구 소유였는데?"

우직한이 궁금하듯 빠르게 물었다. 그러자 소파에 기대고 있던 미래가 조심스럽게 말했다.

"아마, 과거에 인디언 땅이었을 겁니다. 아메리카 원주민들 말이죠. 그런데 이들한테서 땅을 산 사람들은 잘 모르겠습니다."

미래의 대답에 맨해튼 신사가 반색을 하며 말했다.

"오, 미래 군이 알고 있구먼. 그 당시 땅을 산 사람들은 네덜란드계 이민자들이었네. 그러면 혹시 얼마에 팔렸는지도 알겠나?"

"글쎄요, 그건 잘 모르겠습니다."

미래가 머리를 긁적였다. 그러자 미래 뒤에서 가만히 듣고만 있던 설희가 조심스럽게 말했다.

"제가 일전에 책에서 봤는데 아마, 20달러엔가 팔렸다고 한 거 같아요."

"자네, 똑똑한 며느리를 두었구먼. 허허허. 부러워. 그렇다네. 정확히 24달러에 팔렸지."

맨해튼 신사가 아버지를 보며 흡족한 듯 웃으며 말했다. 그러자 우직한이 혀를 차며 말했다.

"쯧쯧, 아니 24달러라고? 24달러면 겨우 2만 원 돈이잖아. 허, 네덜란드 친구들, 어수룩한 인디언들의 땅을 거의 빼앗다시피 했군."

"그렇게 생각하는가? never! 그건 절대로 아닐세!"

맨해튼 신사는 단호한 목소리로 우직한의 말을 잘랐다. 아버지와 우직한이 놀란 눈으로 맨해튼 신사를 바라보았다.

"절대로! 맨해튼 인디언은 결코 어리석지 않았네!"

맨해튼 신사는 다시 한 번 단호하게 말했다.

"그 인디언들의 후손들이 어리석을 수는 있어도 그들, 맨해튼을 24달러에 판 380년 전의 인디언은 결코 어리석지 않았다네."

맨해튼 신사가 말을 마치자 옆에서 가만히 듣고만 있던 우직한이 나섰다.

"여보게, 친구! 이해가 잘 안 되는데 알기 쉽게 설명을 해주게나. 어째서 맨해튼 섬을 단돈 24달러에 판 것이 어리석은 거래가 아니라는 말인가?"

맨해튼 신사가 조용히 미소를 지으며 대답했다.

"그래 서둘지 말고 내 얘기를 찬찬히 들어보게나. 얘기가 제법 길걸세. 나는 그때 그 액자의 글귀를 보고 큰 충격을 받았다네. 마치 시간을 거슬러 아버님과 함께 저 눈 덮인 봉우리에 섰을 때의 느낌을 받았으니 말일세."

맨해튼 신사는 과거를 회상하는지 살며시 눈을 감았다. 한참 후, 맨해튼 신사는 마른침을 한번 삼키고는 얘기를 시작했다.

　인디언 집에 초대를 받고 난 이후, 맨해튼 신사는 인디언 사장에게 큰 호감을 느꼈다. 같은 유색인종인 데다가 나이가 비슷해서 둘은 친구처럼 각별히 지냈다. 친구가 된 후 인디언은 맨해튼 신사가 근무하는 식당에 자주 들렀다. 인디언은 길가 쪽으로 내놓은 조그만 의자에 앉아 지나다니는 사람들을 보는 것을 좋아했다.

　그러던 어느 날, 맨해튼 신사는 인디언 친구를 잡고 평소의 궁금증에 대해서 물었다.

　"여보게 친구! 자네 집에서 '맨해튼 인디언은 결코 어리석지 않았다.'란 글귀를 봤는데 이게 도대체 무슨 뜻인가?"

　맨해튼 신사가 진지하게 묻자 인디언은 한참 동안 미소를 지었다. 대답하는 데 또 한참이 걸렸다.

　"혹시 자네, 지금 우리 미국의 부동산 총 가격이 얼마인지 아는가?"

　맨해튼 신사가 모르겠다는 표시로 머리를 좌우로 흔들었다. 그러자 인디언이 유리창에 숫자를 쓰면서 말했다.

　"지금 미국 전체의 부동산 시가 총액은 대략 70조 달러로 추정하고 있네."

맨해튼 신사는 70조 달러의 크기가 쉽게 가늠되지 않았다. 머뭇거리는 사이 인디언이 말을 이었다.

"1626년, 그러니까 지금으로부터 약 380년 전이야. 그때 네덜란드계 이민자들이 우리 아메리카 인디언들로부터 맨해튼을 사들인 가격은 불과 24달러였다네. '피터 미뉴에트'라는 네덜란드 총독이 '알곤킨'이라는 우리 인디언 부족에게 24달러 상당의 기념품을 주고 땅과 맞바꾼 것이지. 혹자들은 이 거래를 두고 미개한 인디언의 어리석은 거래였다고 혹평하곤 하지."

맨해튼 신사는 하마터면 자신도 '그건 정말 잘못된 거래가 아닌가?'라는 말을 할 뻔했다. 인디언이 맨해튼 신사의 표정을 살피더니 입가에 미소를 지으며 말했다.

"자네도 과거의 우리 선조들이 어리석었다고 생각하던 참이었지?"

맨해튼 신사는 들켰다는 듯이 쑥스럽게 웃었다.

"미안하네. 내 상식으로는 이해가 안 되어서 말이야."

"하하하, 이해하네. 그런데 말이야, 조금 전에도 말했지만, 미국의 부동산 총 시가 총액은 70조 달러에 육박한다고 하네. 그렇다면, 1626년에 받은 24달러를 지금까지 복리로 불려왔다면 과연 얼마인지 아는가?"

"글쎄, 아마도 엄청난 금액으로 불었으니 자네가 말하는 것이겠지? 음, 여기 맨해튼의 빌딩 한두 개 정도는 살 수 있을 정도로 불었는가?”

갑자기 인디언이 큰 소리로 웃기 시작했다. 맨해튼 신사는 그 웃음소리에 쑥스럽다는 듯이 함께 웃었다. 한참을 웃던 인디언은 여전히 웃음소리가 가시지 않은 목소리로 말했다.

“여보게, 동양 친구! 그 돈을 지금껏 불려왔다면 말이야……. 아 참, 먼저 이자 수익을 정해야겠지. 최근 10년간 연평균 미국 부동산 상승률 정도인 12%로 잡도록 하지. 그리고 380년을 운용했다고 가정하고 계산해보겠네.”

인디언은 수첩에서 계산된 숫자를 보여주며 말했다.

“음, 여기 있군. 자 놀라지 말게나. 무려 7,694경 6,304조 달러가 넘는다네. 자네 눈에도 이 숫자가 보이지?”

수첩의 숫자를 들여다보던 맨해튼 신사는 도저히 믿기지 않는지 입을 다물지 못했다. 도대체 7,694경 6,304조 달러는 얼마의 크기야?

“허 참, 도대체 이게 사실인가?”

“그렇다네. 10여 년 전, 전설적인 투자자 ‘피터 린치’도 복리 개념으로 당시 거래를 분석한 적이 있다네. 그는 당시 인디언들이 받은 24달러를 연 8%의 채권에 복리로 투자했다면 363년이 흐른 1989년에는 그 가치가 30조 달러로 훌쩍 뛴다고 했네. 30조 달러는 그 당시에 미국 전체 땅을 몽땅 살 수 있는 그런 엄청난 금액이었지. 반면 ‘피터 린치’는 1989년 당시 맨해튼 전체 땅값은 600억 달러에도 못 미친다는 자료를 제시했네. 자, 어떤가? 이제 과거에 누가 잘 팔았고 잘 샀는지 짐작이 되는가?”

“휴, 30조 달러라! 도저히 믿기지가 않네 그려. 그런데 말일세, 만약에 복리로 굴리지 않고 이자를 받아서 매년 써버렸다면 과연 얼마가 되는가?”

인디언은 볼펜을 찾더니 자기 수첩에다가 계산하기 시작했다.

“이건 간단하니까, 지금 계산해보도록 하겠네. 음, 연 수익률 10%로 잡으면 1년마다 2.4달러를 받았을 테고, 380년 동안 받아서 썼다면…… 2.4 곱하기 380하면 되니까…… 대략 912달러 정도 되겠구먼.”

“허 참, 380년 묵혀서 받은 이자가 모두 합해서 912달러라니. 그렇다면, 원금은?”

“이런, 친구하고는! 아, 원금은 그대로 24달러인 게지. 안 그런가?”

“하하하, 그렇구나. 미안하네. 내가 어리석었어. 새삼 느끼지만 복리는 시간이 결합하면서 정말 마법을 일으키는 것 같아. 아니, 단리로 10% 이자 수익이 912달러에 불과한 데 반해, 복리로는 그보다 낮은 8% 이자 수익이 무려 30조 달러로 불으니 말일세. 이건 정말 기적이야, 기적!”

한참 후 맨해튼 신사는 감탄을 멈추고 인디언을 봤다. 자기 앞에 있는 인디언 친구가 어떻게 부자가 되었는지 그 이유가 어느 정도 짐작되었다. 그날, 맨해튼 신사는 현재보다는 미래를 위해서 살 것을 굳게 결심했다. 그리고 복리에 모든 것을 걸어야 진정으로 미래를 위해서 사는 것이라고 다짐하고 또 다짐했다.

맨해튼 신사는 감회 어린 표정을 거두더니 말을 계속했다.

"그날 저녁, 종이 위에 30조 달러를 숫자로 적어보며 나는 돈의 개념을 새롭게 정립할 수 있었다네. 그날 사건이, 작은 돈도 충분한 시간만 결합하면 상상할 수 없을 정도로 크게 불어난다는 사실을 깨달은 것이지. 할아버지의 유산이 처음으로 가슴에 와 닿은 계기도 바로 그날이고 말일세."

우직한이 공감한다는 듯 머리를 끄덕이며 말했다.

"그런데 한 가지 의문은 말일세, 우리는 그렇게 오랫동안 투자를 할 수 없다는 데 있지 않을까? 그렇다면, 24달러 같은 작은 돈으로 성공한다는 것은 현실적으로 불가능하다고 보네. 다시 말해, 복리 상품이 훌륭한 재테크 수단이란 것은 알지만, 종자돈을 모으는 과정에서는 절약과 저축이 우선되어야 한다는 말일세."

맨해튼 신사는 호탕하게 웃으며 말했다.

"허허허, 미안하네. 역시 날카롭구먼. 내가 너무 성급했네. 복리의 마법만 강조하다 보니 중요한 기본 조건을 빠뜨릴 뻔했어. 맞네, 복리의 마법을 맛보려면 종자돈이 필수 조건이라는 것에 이견이 없네. 참, 자네가 성공했다는 소식은 간간이 미국에서도 들었다네. 정말 대단한 것은 내가 아니라 오히려 자네야!"

맨해튼 신사는 우직한을 보며 말했다. 그러자 우직한은 쑥스럽게 웃다가 조용히 말했다.

"허허허, 왜 이러나. 난 먹고사는 데 부족함이 없고, 자넨 미국에서도 알아주는 큰 부자이고. 어디 비교 상대가 되기는 하겠는가."

"아니야, 자넨 노력이고 난 미국 금융시장의 덕을 크게 본 것이고. 만약 미국이 우리나라처럼 금융 시스템이 부족하고 복리성 상품이 부족했다면 나의 성공은 불가능했을 거야."

"허허허, 아무튼 고맙네 그려. 자네한테 칭찬도 다 듣고."

우직한이 쑥스러워하자 아버지가 우직한을 바라보며 말했다.

"음, 아버님의 유산을 잘 따른 것으로 치자면 이 친구도 만만치 않네. 이 친구도 차비를 아끼고 용돈을 아껴서 집을 장만하고 종자돈을 마련해서 결국 부자가 되었다네."

맨해튼 신사는 머리를 가로 젓더니 조심스럽게 말했다.

"내가 그걸 왜 모르겠나. 그러나 그건 아버님의 첫 번째 유산이었지. 눈 뭉치를 단단하게 뭉치는 것 말이야. 우직한, 이 친구가 실천한 것도 첫 번째 유산이었고. 그런데 아버님이 남겨주신 두 번째 유산은 거기서 한 발 더 나아가야 한다네."

맨해튼 신사의 말이 채 끝나지도 전에 우직한이 빠르게 물었다.

"그래? 또 복리를 강조하고 싶은 건가?"

맨해튼 신사는 우직한의 예민한 반응에 잠시 웃더니 낮지만 강한 어투로 말했다.

"하하하. 이런, 친구하고는. 아무튼, 자네를 비판하려는 것이 아니니까 오해는 하지 말게."

"오해는, 그냥 궁금해서 그런 거지."

"자네의 성공은 정말 대단한 거야. 충분히 자랑해도 될 만하다네. 다만, 앞으로는 자네 같은 부자가 나올 가능성이 크지 않다는 것을 말하고 싶은 거야. 쉽게 얘기한다면, 지금 세대에선 자네같이 투자해서는 부자가 되는 것이 거의 불가능하다는 그런 말일세."

"그건 무슨 말인가?"

이번에는 아버지가 물었다.

"응, 무슨 말인고 하니……. 우직한, 이 친구가 복리 상품을 운용하지 않고도 지금의 부를 이룰 수 있었던 것은 시대 상황이 크게 작용했다는 것이네. 고도성장을 구가하던 당시는 시중 자금이 크게 부족한 때였어. 그래서 금리는 10%가 훨씬 넘었지. 어떤 때는 20%대의 상품도 나왔으니 말일세."

"한마디로 나는 고금리 시대가 낳은 부자다, 뭐 이런 말인가?"

우직한이 불쾌하다는 듯 물었다. 그러자 맨해튼 신사가 팔을 저으며 황급히 말했다.

"하하하, 너무 화내지는 말게나. 자네가 이룬 업적은 당시로선 거의 기적에 가까울 정도로 정말 대단한 것이야. 자네처럼 근면과 성실만으로도 남부럽지 않은 부를 이룰 수 있던 시대에 맞게, 자네는 최선의 길을 갔던 것이네. 다만, 1990년대 들어서, 특히 IMF를 겪으면서 국내 금융 상황이 완전히 달라졌다는 것을 말하고 싶은 거야. 시중 금리는 낮고 물가 상승률은 급등하는 그런 시대가 드디어 도래한 것이지. 아무튼, 내 말의 요지는 저금리 시대에 안전 상품에 돈을 넣어두는 것으로 더는 자네 같은 부자가 탄생하기는 어렵다는 그런 말이야."

맨해튼 신사는 말을 마치며 우직한의 어깨에 살짝 손을 올렸다. 우직한은 공감하는지 천천히 고개를 끄덕였다. 그때까지 가만히 듣고 있던 아버지가 말을 뱉었다.

"듣고 보니 자네 말이 일리 있네그려. 이제 금리는 4%대 수준의 저금리 시대가 도래했지. 게다가 실지 물가 상승률은 5% 수준의 그런 고물가 시대이고. 이제 거기에 맞는 투자법을 찾는 그런 지혜가 필요할 것으로 보네. 시대는 늘 변하기 마련이고, 고정된 관념으로 살아서는 안 될 거야. 시대 변화와 대응은 재테크에 있어서 가장 핵심이 아니겠는가. 특히, 내 아들처럼 이렇게 젊은 세대들은 시대의 변화를 제대로 읽고 현명하게 대처하는, 그런 지혜가 있어야 하겠지."

모두의 시선이 순간 젊은 미래에게 쏠렸다. 미래는 세 사람의 시선이 부담스러워 고개를 숙였다. 맨해튼 신사가 미래의 어깨를 다독이며 말했다.

"좋은 말일세. 우리 세대는 열심히 일하고 저축만 잘해도 남부럽지 않게 살 수 있는 환경이었네. 참 좋은 시절이었지. 하지만, 다가오는 미래는 식량난과 원유 고갈, 그리고 식수난으로 온 지구는 몸살을 앓을 것이 명약관화하네. 결국, 자원이 부족한 탓에 인플레이션은 피할 수 없을 것이 분명하고. 과거처럼 편안하게 저축하는 것만으로 풍요롭게 살고 싶은 희망은 이제 버려야 할 것이야. 아, 참. 내가 미래 군에게 하나 보여줄 것이 있는데."

"……."

미래는 눈을 동그랗게 뜨고 맨해튼 신사를 봤다. 맨해튼 신사는 미래한테서 시선을 거두고 자신의 가방을 찾았다. 미래는 기대감으로 마른침을 삼켰다. 밖은 벌써 칠흑 같은 어둠에 묻혔다.

맨해튼 신사는 여행 가방을 뒤지더니 수첩 뭉치를 꺼냈다. 미래는 아버지 친구 분들이 약속이나 한 듯이 일기장이나 수첩을 꺼내는 모습이 신기해서 아버지에게 물었다.

"40년 후에 만나시기로 할 때 일기장을 갖고 오기로 했었나요?"

아버지가 가볍게 고개를 끄덕이자 우직한이 거들었다.

"그건 네 할아버지의 당부였지. 사람은 기록하면서 발전하는 거라고 늘 말씀하셨어. 기록에 남아 있지 않은 세월은 도둑맞은 세월이라고까지 하셨네."

맨해튼 신사도 거들었다.

"나도 마찬가질세. 암울한 시절은 기록이 없는 반면에 꿈과 희망이 넘치던 시기는 거의 기록이 있더라고. 어쩌면 기록을 하면서 꿈과 희망을 품었는지 모를 일이지만 말이야."

"나도 그랬다네."

우직한이 맞장구를 쳤다. 잠시 후 맨해튼 신사는 몇 권의 수첩을 꺼내놓았다. 최근의 수첩인지 종이가 깨끗했다.

"이건 내 큰아들이 결혼할 때 기념으로 적어놓은 거라네. 몇 년 안 된 내용이라서 지금의 자네한테 맞을 것 같아."

미래는 눈을 반짝이며 맨해튼 신사가 펼친 페이지를 읽었다.

미래는 알겠다는 듯 머리를 끄덕였다. 이어서 맨해튼 신사가 빙긋 웃으며 입을 열었다.

"짐작이 될 거야. 만약에 말일세, 과거 부자의 대명사인 경주의 '최부자'가 자신의 모든 돈을 곳간에 넣어두고 지금껏 묻어뒀다면 지금 어떻게 되었을 것 같은가? 여전히 부자일까?"

"글쎄요, 아마도 그 돈은 화폐가치가 폭락해서 휴지처럼 무용지물이 되지 않았을까요?"

"그렇다네. 자신의 재화를 갖고 아무것도 하지 않는 것은, 귀중한 시간적 레버리지를 허비한 셈이 되고, 이는 결국 나쁜 투자 상품에 투자한 것과 같은 결론에 이른다네. 결국, 최부자의 돈은 시간이라는 도둑이 훔쳐간 셈이 되겠지. 자, 다음 페이지를 보도록 하세"

맨해튼 신사가 페이지를 한 장 넘겼다.

미래는 처음의 질문 내용과 같은 맥락이라는 듯 머리를 크게 끄덕였다. 짧은 질문 내용이었지만 의미는 분명했다. 맨해튼 신사는 페이지를 넘기며 다음 내용을 읽으라고 눈짓을 했다.

미래가 생각을 채 정리하기도 전에 맨해튼 신사의 질문이 날아왔다.

"자네는 이 현상을 어떻게 보는가?"

미래는 묵묵히 맨해튼 신사의 얼굴을 바라봤다. 숱 많은 눈썹과 단정한 입 매무새, 그리고 푹 꺼진 눈두덩이 밑에 매서운 눈빛. 미래는 범접할 수 없는 위엄을 느꼈다.

"네, 돈이 마치 고무줄 같습니다."

미래가 손으로 고무줄을 늘였다 줄였다 하는 시늉을 했다.

아버지와 우직한, 그리고 맨해튼 신사는 조용히 웃었다. 설희도 조용히 따라 웃었다. 맨해튼 신사가 미소를 거두고 말을 계속했다.

"아주 좋은 표현을 해주었네. 잘 봤어. 돈의 가치를 제대로 보려면 반드시 물가 상승률이라는 변수와 함께 봐주어야 하네. 즉, 돈의 가치는 살아 움직이는 생물과 같다는 거야. 주변 환경의 영향을 많이 받지. 지금 같은 고물가 시대엔 복리의 마법이 작동되지 않고서는 절대 고무줄처럼 늘어나지 않게 되지."

맨해튼 신사의 말이 끝나자 이번엔 아버지가 말을 이었다.

"뜨거운 물의 개구리 이론이란 것도 알아둘 필요가 있겠구먼."

"네? 호호호, 뜨거운 물의 개구리 이론이라고요?"

잠자코 듣고 있던 설희가 재미있다는 듯 물었다.

"허허허, 네가 재미있는 모양이구나. 그래, 이 이론은 인플레이션을 설명할 때마다 곧잘 따라붙는 이론이란다."

"호호호, 개구리 이론이라니까 좀 징그럽네요. 아버님, 도대체 그게 뭔 뜻인가요?"

"응, 뭐고 하니…… 만약 뜨거운 물에 개구리를 넣으면 곧장 뛰쳐나가고 말겠지. 하지만 냄비의 물이 차가울 때부터 개구리를 넣어서 조금씩 물의 온도를 올리면 개구리는 못 빠져나오고 그대로 죽고 만다는 거야. 이것이 바로 '뜨거운 물의 개구리 이론'이지. 주식시장도 이 이론이 통한단다. 주가도 단기간에 급락하게 되면 서로 빠져나오려고 투매를 하고 정말 난리가 나지. 그러나 주가가 서서히 내려가면,

팔지도 못하고 결국 큰 손실로 이어지게 되는 것이지. 심한 경우 깡통을 차게 되는 것이고. 사실, 물가 상승이란 것이 워낙 장시간에 걸쳐서 서서히 진행되다 보니까, 돈의 가치를 계산하는 데 이를 간과하는 것이지. 가계 재정에 엄청난 피해를 주는데도 말이야. 결론적으로 재테크에 있어서 최고의 적은 바로 물가 상승, 즉 인플레이션이라는 것이지.”

아버지가 말을 마치자 미래가 나섰다.

“맞습니다. 저부터도 적금이나 펀드 고를 때 나중에 챙길 수익만 생각했지 인플레이션에 따른 화폐가치 하락은 거의 무시했으니까요. 하여튼 결론은 복리밖에 없는 것 같습니다.”

맨해튼 신사가 만족한 듯 웃으며 말했다.

“허허허, 인플레이션의 심각성과 복리투자의 필요성에 대해서 자네가 충분히 인지한 것 같아 기쁘네그려. 이번 교육은 이것으로 끝일세. The end! 하하하.”

넷은 함께 웃었다. 잠시 후, 우직한이 궁금한 듯 물었다.

“나도 복리를 모르는 바는 아니네. 어느 정도 복리 효과를 보기도 했고. 하지만 나는 복리니 뭐니 하는 것에 크게 신경 쓰고 살지는 않았네. 내 애들도 그렇고. 그들은 단기간에 아파트를 사들일 정도로 돈을 모았네. 걔네들도 복리 개념으로 접근한 것은 아니라고 보네. 그저 성실하게, 단 한 푼도 허투루 쓰지 않고 모았을 뿐이지. 이 아비를 닮아서."

맨해튼 신사가 그건 아니라며 검지를 좌우로 흔들었다.

"과연 그럴까? 추측이네만, 자네 자식들이 불과 몇 년 만에 아파트를 장만했다면 자네처럼 우직하게 돈을 모으진 않았을 걸세. 자네의 성실성에 더해서 금융 지식을 활용해서 재산을 불려왔던 것이 분명하네. 못 믿겠으면 지금이라도 한번 확인해 보게나."

맨해튼 신사의 말이 끝나자 우직한은 기다렸다는 듯 휴대전화를 들고 밖으로 나갔다. 아버지와 맨해튼 신사는 어깨를 으쓱해 보이며 민망한 표정을 지었다. 미래가 어색한 분위기를 누그러뜨릴 요량으로 맨해튼 신사에게 질문을 던졌다.

"그러면 금리가 낮을 때와 금리가 높을 때, 도대체 언제 복리 투자가 필요한가요?"

"음, 금리가 낮으면 돈이 은행에서 빠져나가겠지. 이자가 안 붙을 거니까. 그러면 실물자산, 즉 부동산이나 금, 원자재, 식품 등으로 돈이 몰리면서 물가가 가파르게 상승하게 된다네. 이렇게 인플레이션이 진행되면 상대적으로 돈의 가치는 빠른 속도로 떨어지게 되고 말이야. 그러기 때문에 물가 상승률을 따라잡을 수 있는 복리 투자가 좀 더 절실하겠지."

맨해튼 신사가 말을 마치자 미래는 기다렸다는 듯이 다음 질문을 던졌다.

"그러면, 금리가 높을 때는요?"

"음, 금리가 높으면 돈은 실물자산에서 금융자산으로 옮겨 오겠지. 그러면 물가 상승률이 상대적으로 적으니까 인플레이션에 따른 화폐 가치의 하락 위험도 적을 것이야. 결국, 시중은행 상품으로 대변되는 저축 상품들의 이자율이 높아서 애써 복리 상품을 찾으려 노력하지 않아도 좋겠지. 그러나……."

맨해튼 신사가 잠시 뜸을 들이는 사이 아버지가 대화를 이었다.

"……안타깝게도 너희 세대는 고금리의 혜택을 받아보기 어려울 것 같구나. 그런 고금리와 저물가 시대는 통상적으로 저개발국이나 개발도상국에서 일어나는 현상인데 우리나라가 그런 과거 시절로 후행할 확률은 거의 없으니 말이다. 심히 안타깝구나."

아버지가 측은한 듯 말을 뱉자 맨해튼 신사가 단호하게 말을 받았다.

"이런 사람! 안타깝기는 뭐가 안타깝다고 그러는가. 모든 환경은 나름의 고충과 기회가 항상 공존하는 거야. 지금 젊은 세대들이 비록 우리 때와 같이 고도성장기를 누리고 있지는 않지만 안정된 사회에서 높은 수준의 교육을 받을 기회는 얼마나 많은가 말이야. 과거 우리 시대와 비교해서 이런 측면은 또 다른 기회이자 축복이지. 안 그런가?"

“딴에는 그렇지…….”

말끝을 흐리는 아버지의 눈빛은 여전히 안쓰러움이 배어 있었다. 맨해튼 신사가 미래를 보며 말을 이었다.

“미래 군, 자네도 미국 젊은이들처럼 스타벅스니 뭐니 하는 비싼 커피를 사 마시나?”

“네…….”

유독 커피를 좋아하는 미래는 하루에도 몇 번씩 스타벅스에 들렀다. 사무실에서 가깝기도 했지만, 무엇보다도 스타벅스에서 커피를 마시는 순간은 자신이 성공한 직장인 같아서 좋았다. 특히 달콤한 ‘카라멜 모카’의 향과 맛은 미래가 거부할 수 없을 정도로 유혹적이었다.

“하루에 몇 잔이나 마시는가?”

“뭐…… 대충 두 잔 정도 마십니다.”

“혼자 마시나?”

“아니요. 주변의 동료와 주로 같이 갑니다. 보통 두세 명 정도죠.”

“계산은 주로 누가 하지?”

“돌아가면서 하지만 제가 좀 더 하는 편입니다. 제가 먼저 마시자고 권하는 편이기 때문에…….”

“그럼 어디 볼까. 한 달에 20일 근무한다 치고 하루에 평균 세 잔 정도를 잡으면, 아니 친구들한테 쏜 거는 빼겠네. 일단 자네가 먹은 두 잔으로만 계산하도록 하지. 음, 그럼 한 달에 40잔이네.”

“네.”

“그럼 일 년이면 480잔?”

“네…….”

미래의 얼굴이 서서히 어두워졌다. 대수롭지 않게 마셨던 커피가 1년에 무려 480잔이라니! 맨해튼 신사가 소형 전자계산기를 꺼내 두드리며 물었다.

“회사에 입사한 지는 얼마나 되었지?”

“꽉 찬 4년입니다.”

“그럼 4년이니까 1,920잔?”

“네…….”

미래는 금세 울상이 되었다. 엄청난 금액이 막 나올 참이었다.

“한 잔에 얼마지?”

“보통은 4,000원이고 제가 먹는 ‘캬라멜 모카’는 4,500원 합니다.”

“뭐? 커피 한 잔에 4,500원? 이런 정신없는 친구 보게나. 그동안 자네 손에서 눈이 녹아 줄줄 샜구먼. 좋아, 핀잔은 나중에 하도록 하고. 음, 한 잔에 4,500원 잡고 여기에 1,920잔을 곱하면…….”

맨해튼 신사의 입에서 튀어나올 금액이 짐작되는지 미래는 얼굴을 찡그렸다.

“허허허, 정말 비싼 커피 마셨구먼. 모두 합계가 864만 원이 나오네."

'8백만 원이 넘는다고?' 순간 정막이 흘렀다. 미래는 세 사람의 시선이 부담스러워 쥐구멍이라도 들어가고 싶었다. 설희는 고소하다는 듯 입술을 삐죽거렸다. 맨해튼 신사의 손가락은 여전히 계산기를 두드리고 있었다.

"아직 멀었어, 이 친구야. 뭘 그 정도 갖고 그래!"

"네?"

"아직 멀었다고! 자네가 별생각 없이 한 소비가 자네에게 얼마나 큰 자산이었는지 이제부터 밝혀봄세."

미래는 고개를 움츠린 채 계산기를 곁눈으로 훔쳐보았다.

'970만 원'

금액을 다시 한 번 확인한 후 맨해튼 신사가 말을 계속했다.

"이 금액은 원금을 단리 상품에 곱게 넣어 뒀을 때 금액이야. 자네가 4년간 커피를 안 먹고 그 돈으로 적금을 들었을 경우가 되겠지. 가장 일반적인 단리 적금 상품에 가입했다손 쳐도 무려 970만 원이 넘는 돈이 된다네. 어때 놀랍지 않은가? 단순히 커피 값을 허비한 것이 아니라 자네는 그 돈이 알아서 제 몸집을 불릴 기회까지 함께 날려버린 거지. 자, 다시 한 번 볼 텐가?"

맨해튼 신사가 다시 한 번 계산기를 들이밀며 말했다.

"자, 보게. 커피 값 말고도 그 돈을 적금에 넣었다면 추가로 불어났을 금액을 말이야. 음, 이자로만 106만 원 돈을 날린 셈이 되는군.”

미래는 맨해튼 신사가 전자계산기를 두들길 때마다 둔탁한 둔기가 온몸을 때리는 것 같았다.

“자 이젠 다른 각도에서 한번 볼까? 자네가 단리 상품이 아니라 연 복리 상품에 넣었을 경우를 말이야.”

‘연 복리 상품?’

미래는 화면에 나타난 숫자를 보는 것이 두려웠다. 보나마나 금액은 더 불어나 있을 것이고, 주위의 시선은 더욱 따가울 것이 분명했다.

‘1,090만 원’

다시 맨해튼 신사의 손가락이 계산기로 향했다.

“어디 볼까. 자, 이자만 226만 원이 넘는군.”

“……”

미래는 꿀 먹은 벙어리처럼 아무 말을 못했다.

맨해튼 신사가 다시 입을 열었다.

“자네가 스타벅스 커피를 마시는 대신 나처럼 가정용 커피를 타 먹는 것만으로도 자네는 그동안 거의 1천만 원을 모을 수가 있었다는 사실이야. 커피가 이 정도면 다른 지출 항목은 또 얼마나 클지 짐작이 되지 않나?”

벌을 받는 초등학생처럼 의기소침해 있는 미래를 바라보며 맨해튼 신사가 표정을 바꿔 부드럽게 말했다.

"물론 이런 현상은 자네에게 국한된 얘기만은 아닐세. 미국의 대학생들은 주로 학자금 대출을 이용하여 학비를 충당하는데, 한때 그 테이크아웃 커피점으로 들어가는 돈이 대충 한 학기 수업료에 해당한다는 통계가 발표된 적이 있었다네. 그때 그 기사로 사회에 큰 충격을 주기도 했었지."

갑자기 아버지가 껄껄껄 웃으며 나섰다.

"허허허, 그럼 우리 미래는 자신이 번 돈으로 쓴 거니까 그 미국 대학생들보다는 훨씬 건전한 소비였구먼."

분위기를 바꿔보자는 의도였는지 아버지의 목소리는 필요 이상으로 컸다. 맨해튼 신사는 아버지의 말에 아랑곳하지 않고 메모지를 꺼내 무언가를 열심히 적더니 미래에게 내밀었다. 아버지와 미래가 고개를 빠끔히 쳐들고 메모지를 봤다.

스타벅스 커피, 절약으로 불릴 수 있었던 자산

- 1잔 가격 : 4,500원
- 1일 소비 가격 : 9,000원
- 연 소비 가격 : 2,160,000원
- 1일 횟수 : 2잔
- 월(20일 기준) 소비 가격 : 180,000원
- 지난 4년간 소비 금액 : 8,640,000원

- 6% 수익률의 단리 적금에 가입했을 시 받을 금액 : 9,700,000원
- 이자 금액 : 1,060,000원
- 6% 수익률의 복리 상품에 가입했을 시 받을 금액 : 10,910,000원
- 이자 금액 : 2,070,000원

미래는 메모지를 바라보며 어금니를 깨물었다. 예상은 했지만, 막상 날려버린 액수를 보고 나니 속이 쓰렸다. 맨해튼 신사는 계속해서 계산기를 두드렸고 다른 종이를 미래에게 내밀면서 말했다.

"여보게, 기왕에 엎질러진 물이려니 하면서 피해갈 생각은 아예 말게나. 이번에 반드시 바로 잡아야 하네. 이번 일로 자네의 불필요한 소비 행태가 여기서 그냥 끝나는 줄 아는가? 절대 아니네. 반드시 같은 일이 반복될 거야. 내 장담하네. 자, 잘 보게. 그 돈을 모아 10년 정도 거치형으로, 다시 말해, 원금 전체를 일시금으로 복리 상품에 묻어 놓았을 경우의 수익을 비교해 보면 자네가 얼마나 큰 종자돈을 날려버렸는지 알게 될 거야!"

다시 아버지와 미래의 시선이 메모지로 향했다.

맨해튼 신사가 쪽지를 보여주려는 순간, 드르륵 하는 소리와 함께 문이 활짝 열렸다. 우직한이었다.

"그래, 통화는 끝냈는가?"

맨해튼 신사가 묻자 휴대전화를 만지작거리던 우직한이 입을 열었다.

"자네 말이 맞았네. 우리 애들은 대학 시절 아르바이트를 해서 번 돈은 물론 직장 생활하면서 5년 동안 모은 돈을 몽땅 주식형 펀드나 해외펀드 등에 넣어서 굴렸더라고. 2005년부터 2007년까지 때맞춰 지수가 폭등했다지 뭔가. 덕분에 3년간 누적 수익이 무려 200%를 넘었다는구먼. 어쩐지 수입은 빤한데 재산 불리는 속도가 빠르다 했지."

아버지와 맨해튼 신사가 환한 미소를 지으며 말했다.

"허허허, 자네 아들이 자네보다 훨씬 낫구먼. 정말 자네 아들들이 장해!"

맨해튼 신사가 껄껄껄 웃으며 말했다. 이어서 아버지가 입을 열었다.

"그럴 수밖에 더 있겠나. 어렸을 적부터 자기들 아버지가 근면과 성실, 정직과 저축을 온몸으로 보여주었는데, 그런 집안의 자식들이 어떻게 삐뚤어질 수 있었겠나. 아버지의 유산을 잘 물려받은 게지."

우직한은 억지를 부린 사실을 부끄러워하면서도 연방 쏟아지는 자식 칭찬에 기분 좋게 웃었다.

한편, 메모지를 받아든 미래는 별로 놀라는 기색이 없었다. 10년이면 엄청난 금액이 나올 것으로 생각했는지 조금 전과 달리 미래는 뜻밖에 덤덤했다.

"비록 큰 금액이긴 하지만 10년이라는 긴 세월을 생각해보면 그리 놀랄 정도는 아니네요."

그러자 맨해튼 신사가 싱긋 웃었다. 이제 시작이라는 듯 메모지를 새로운 것으로 바꿨다.

"그럴까? 그럼 20년으로 한번 해보세. 자네 나이에 20년 해봐야 겨우 50세밖에 안 될 테니까 금방 도달할 거야. 자, 연 수익률 7.2%로 잡으면 10년마다 원금은 배로 늘어나니까 1,728만 원의 두 배이면……."

맨해튼 신사의 손놀림이 바빠진 후 다시 메모지를 내밀었다.

미래는 마른침을 꿀걱 삼켰다. 한눈에 봐도 금액이 컸다. 3,400만 원이란 산출 금액은 20년 동안 지속적으로 커피 값을 아껴서 불린 금액이 아니었다. 단 한 번, 그러니까 미래가 지난 4년간 지출한 커피 값으로만 굴렸을 때 앉아서 챙길 수 있는 돈이었다. 우직한이 무겁게 입을 열었다.

"여보게, 가만히 보니 미래 군이 억울한 게 아니라 내가 억울한 것 같네. 내가 평생을 친구처럼 지낸 은행예금과 비교했을 때 이건 정말 엄청난 차이구먼. 차이가 나더라도 정도가 있지 이렇게 차이가 날 줄은 미처 몰랐네."

그러나 맨해튼 신사는 아직 끝나지 않았다는 표시로 손을 저었다.

"자네를 조금 더 놀라게 해줄 테니까 잠시만 기다리게. 자, 이제 똑같은 금액을 갖고 30년을 굴렸다고 가정하고 한번 계산해보자고. 살아보니 어떻던가? 30년, 금방 가지 않던가?"

말을 하면서도 맨해튼 신사의 손놀림은 멈추지 않았다. 잠시 후 계산을 마쳤는지 메모지를 보여주었다.

30년 만기, 일시금으로 복리 상품에 운용했을 경우
- 원금 : 8,640,000원
- 복리 상품의 20년 만기 지급액 : 69,120,000원
- 이자 : 60,480,000원

우직한은 항복의 의미로 두 손을 번쩍 들어 올렸다.

"하하하, 내가 졌네. 그만 날 용서해주게나. 나는 이미 늙었지만, 이제라도 복리를 활용하도록 하겠네. 내 약속하지."

그러나 맨해튼 신사는 굳은 표정을 풀지 않았다. 심각한 표정으로 계산기를 두드리더니 새로운 결과를 보였다.

"자, 이걸 보게! 4년간 저축을 해서 종자돈을 만들고 그것을 다시 30년이라는 긴 세월 동안 복리로 굴려서 위의 수익을 얻었다지만 그게 과연 고스란히 수익이 되리라 보는가?"

"세금을 말씀하시는 겁니까?"

미래가 알겠다는 듯 머리를 끄덕이며 말했다.

"물론 위의 계산은 세금은 포함하지 않고 계산한 것이네. 즉, 위의 금액에서 세금이 별도로 차감되겠지. 하지만, 세금보다 더 큰 것이 따로 있다네. 자네는 그것이 뭐라고 생각하는가?"

"세금보다 더 큰 것?"

미래는 눈을 동그랗게 떴다. 맨해튼 신사는 새로운 메모지에 빠르게 계산을 했다.

30년 만기 지급액의 미래 가치 (30년간 평균 물가 상승률 4% 가정)
- 30년 후 받게 되는 만기 지급액 : 69,120,000원
- 물가 감안 6,912만 원의 실제 가치 : 17,370,000원
- 차액 : 51,750,000원

"자! 5,100만 원이 넘는 저 차액은 대체 어디로 사라진 걸까?"

세 사람은 대략 짐작이 된다면서 고개를 천천히 끄덕였다. 맨해튼 신사는 앞서 보여주었던 짧은 내용의 메모지, 그러니까 자신의 아들 결혼식 날, 자식에게 전해주었다는 내용을 다시 찾아서 보여줬다.

돈의 현재 가치

너에게 1억 원의 현금이 있다고 치자.
그 돈을 항아리에 묻어놓고 10년 후에 꺼내 봤다고 치자.
(평균 물가 상승률 4%일 때)
너의 돈은 10년 후에 6,657만 원의 가치에 불과하다.
자, 누가 돈의 가치를 훔쳐간 것일까?

돈의 미래 가치

너는 10년 후에 1억 원이 필요하다.
그때 필요한 1억 원을 지금 항아리에 묻어놓으려 한다.
역시 평균 물가 상승률은 4%로 한다.
너는 지금 얼마의 돈을 묻어놓아야 하는가?
(정답, 1억 4,800만 원)
그러면 도대체 왜, 4,800만 원을 더 묻어야 할까?

인플레이션은 너의 자산을 갉아먹는 가장 무서운 적이다.
투자의 핵심은, 바로 인플레이션을 능가하는 투자 수익이다.
네가 1억을 항아리에 묻지 않고 연 복리 12% 수익률로 불려 나간다면, 10년 후 너는 무려 3억 1,000만 원을 갖게 된다.
세월은 위험과 기회를 동시에 선사한다.
자, 이제 너는 어떤 선택을 할 것인가?

“자, 이야기는 처음으로 다시 돌아왔네. 결국, 복리 투자가 절대적으로 요구되는 가장 큰 이유는 바로 물가 상승 때문이네. 물가 상승률 또한 복리의 개념으로 우리의 자산을 갉아먹고 있지. 대부분의 사람은 이걸 간과하는 거야. 단순히 투자 수익률만 계산하지만 실제 대부분의 은행예금 이자는 물가 상승률을 채 넘지 못하는 단리 상품일세. 그런데 우리의 가장 큰 목돈은 대부분 이런 은행에 묶여 있지.”

맨해튼 신사가 잠시 말을 끊고는 우직한을 봤다. 우직한은 알았으니 그만 하라는 시늉으로 손을 들었다.

“하하하. 알았네, 알았어.”

“자, 이 친구야! 이래도 은행만 고집할 텐가? 지금 당장 은행에 자고 있는 돈도 한번 챙겨보라고!”

맨해튼 신사가 우직한을 향해 웃으며 말했다. 우직한도 따라 웃다가 조심스럽게 물었다.

“좋다네. 그런데 자네 얘기를 종합해보면, 결국 은행은 필요 없다, 뭐 그런 얘기로 들리네?”

“허허허, 이 친구하고는. 조금 전에도 얘기했지만, 종자돈 만드는 데는 은행의 적금 상품들이 최고라고 분명히 얘기하지 않았는가. 그리고 은행을 통해 편리하게 카드를 만들어서 쓸 수도 있고, 또 필요에 의해서 대출을 받기도 하고. 아 참, 아파트라도 당첨 받으려면 청약통장도 만들어야겠지. 그땐 은행을 이용할 수밖에 없을 거야. 아무튼, 은행은 이런 금융거래를 위해서 반드시 필요한 곳이네. 다만, 내가 말하는 요지는, 투자의 관점에서 효용성이 다소 떨어진다는 것이지.”

맨해튼 신사가 말을 마치자 우직한이 고개를 끄덕이며 말을 받았다.

“일리가 있는 말이군. 사실 최근 들어서 물가가 뛰는 바람에 내 자산 가치가 많이 줄어들었다는 느낌이 드네. 실제 재작년에 900원하던 물건 값이 10% 오른다면 990원이 되고, 올해 다시 10% 오른다면 990원에 대한 10% 상승이니까 1,089원이 되는데, 이렇게 물가는 복리 개념으로 빠르게 상승하니…….”

맨해튼 신사가 테이블을 손바닥으로 탁 치며 말을 이었다.

“그렇지! 바로 그것이라네. 물가는 복리 개념으로 오르고 있는데 자산은 단리 개념으로 상승하고 있다면 결국 시간이 흐르면 흐를수록 원금의 가치는 급속도로 쪼그라들 수밖에 없는 노릇 아닌가. 여보게, 미래 군! 내가 장황하게 애꿎은 자네를 들볶으며 복리와 단리의 수익 차이를 거론한 이유를 이제 알겠는가?”

“네, 아저씨. 잘 알았습니다. 아저씨 말씀을 들으니까 여러 가지 반성도 되고, 또 지혜도 많이 떠오릅니다. 고맙습니다.”

미래는 정중하게 고개를 숙였다. 복리 개념을 실제 생활에 적용해서 돈을 어떻게 불릴지에 대한 구체적인 계획은 아직 서지 않았지만, 자신감은 넘쳤다.

잠시 후, 맨해튼 신사의 질문이 이어졌다.

"자네, '72의 법칙'이 뭔지는 아는가?"

"네? 음, 들어본 것 같기는 한데…… 잘 모르겠습니다."

"혹시 복리계산 공식은 아는가?"

"그것도 잘……. 죄송합니다."

"만약에 말일세, 자네가 1천만 원을 연 10%의 이자로 예금해두었다고 가정했을 때, 몇 년 후면 원금의 두 배인 2천만 원이 될 것 같은가?"

"음, 첫해는 1,100만 원, 2년째는 1,210만 원, 3년째는……."

"하하하, 언제까지 그런 식으로 계산하고 있을 텐가?"

"그러면 다른 쉬운 방법이 있나요?"

"있지. 좀 전에 얘기한 '72의 법칙'을 이용하면 금방 해결된다네. 최소한 이 정도 법칙은 알고 있어야 치열한 경쟁 시대에 낙오되지 않고 살아갈 수 있는 게야."

"죄송합니다. 근데 '72의 법칙'을 이용해서 어떻게 원금 두 배가 되는 시점을 쉽게 계산할 수 있죠?"

"응, 72를 연 이자로 나누면 된다네. 이것이 수학자들이 복리 공식을 연구해서 찾아낸 '72의 법칙'이란 것일세. 자, 어디 한번 자네가 계산해보게나."

"그렇다면, 72를 연 이자 10으로 나누면, 음…… 7.2가 나오네요. 그러니까 7.2년이 지나면 원금이 배로 불어난다는 말이네요. 맞나요?”

“맞았네. 그러면 이번엔 조금 어렵게 들어가 보지. 만약 연 이자가 지금 금리 수준인 6%라면 몇 년이 걸리는가?”

“그거야, 72 나누기 6하면 되니까…… 음, 12년이 걸리네요. 맞죠?”

“생각보다 머리가 나쁘진 않구먼. 하하하.”

“하하, 저 이래도 대학 나온 사람이에요. 그나저나 지금 1천만 원을 6% 정기예금에 넣어두기만 하면 가만 앉아서 12년 후에는 2천만 원으로 불어난다 이거죠? 이거 참 돈 벌기 쉽네요.”

“허허허, 그런가? 자네 내가 조금 전에 말한 물가는 전혀 고려하지 않는가? 최근에 물가 상승률이 5%를 넘었다는 사실을 잊지 말게. 자네 이렇게 생각해 보게나. 만약 12년 후 2천만 원의 가치가 지금의 1천만 원의 가치밖에 안 되면 결국 이자는 전혀 없는 셈이 아닌가.”

“정말 그러네요. 죄송합니다. 인플레이션의 심각성에 대해서 이제껏 얘기를 듣고도 깜빡했습니다.”

“하하, 괜찮네. 이런 계산법은 처음 할 테니까 내가 이해하지. 자, 이번엔 정말 어려운 문제를 하나 줄 테니까 한번 맞춰보게. 틀려도 좋으니까.”

“네, 이번엔 정말 자신 있습니다.”

“배짱은 좋구먼. 자, 문제 들어가네. 음, 1천만 원을 3년 만에 2천만 원으로 만들려면 연 이자를 얼마나 받아야 가능한가?”

"문제를 거꾸로 내니까 또 어렵네요. 헤헤."

"생각보다 머리가 별로구먼. 하하하. 자, 이것도 '72의 법칙'을 활용하면 금방 해결되네. 반대로 나누면 되니까. 72를 3년으로 나누면 원금을 두 배로 만들기 위해 필요한 이자가 금방 나오겠지? 이젠 자네가 해보게."

"음, 72를 3으로 나누면…… 24가 나오네요. 그러면 연 24% 이자 수익을 올릴 수 있으면 3년 만에 원금이 배로 불어난다 이거죠? 와 정말, 이거 해볼 만하네요."

"하하하, 자신 있으면 어디 한번 해보게. 세계 최고의 투자 귀재인 조지 소로스나 워렌 버핏도 10년 평균 수익률이 아마 이 수준을 넘어서지 못한 것으로 알고 있는데 말이야."

"그래요? 휴, 그럼 복리를 이용해도 큰돈을 벌기는 어렵겠네요. 안 그런가요? 이렇게 연 수익 20%를 올리는데도 거의 불가능하다고 하니."

"이런 성격 급한 친구를 봤나. 지금껏 시간의 가치에 대해서 배우고도 그러네. 복리의 마법은 충분한 시간만 있으면 이자가 크게 높지 않아도 작동이 된다네. 그러면 연 24%의 절반인 연 12% 정도의 이자 수입이 가능하다고 전제하고 한번 계산을 해보도록 하지. 얼마나 복리의 마법이 위대한지 깜짝 놀라게 될걸. 자, 자네가 한번 계산해보도록 하게. 1천만 원으로 '72의 법칙'을 이용해서 30년 후에 얼마만큼의 큰돈이 되는지 말일세. 연 수익은 12%로 정도로 가정하고."

"알겠습니다. 먼저 72를 12로 나누면 6년이 되네요. 그러면 지금부터 6년 후에 원금의 두 배인 2천만 원이 되겠네요. 그리고 다시 6년 후인 12년 후에는 2천만 원의 배인 4천만 원, 다시 6년 후인 18년 후에는 8천만 원? 제가 지금 계산하는 게 맞나요?"

"잘하고 있네, 아주 정확해. 계속하게."

"어? 잠깐만요. 아니, 18년 후면 원금의 8배로 불어난다고요? 불과 12% 이자에?"

"허허허, 아직 놀라긴 이르네, 이제부터 시작이니까. 계속해서 한 30년까지 가보게. 30년 후라고 해봐야 자네 나이, 채 환갑밖에 되지 않았을 터이니. 아무튼, 진심으로 복리의 마법이 대단하다고 생각되면 지금 당장 천만 원을 복리 상품에 푹 묻어둬 보게. 그냥 가만히 두는 거야. 불안하다고 중간에 환매하지 말고 말일세. 직접 눈으로 돈이 어떻게 불어나는지 지켜보라고."

"네, 꼭 실천토록 하겠습니다. 자 그럼, 18년에서 한 번 더 배가 공식을 적용해서 6년을 보태 보겠습니다. 18년에 6년을 더하면 24년이고, 그러면 8천만 원의 두 배인 1억 6천만 원이 되고…… 맞죠? 다시 한 번 6년이 지나면 이제 딱 30년에 도달했네요. 그렇다면, 아까 1억 6천만 원의 두 배가 되니까…… 음, 3억 2천만 원. 맞나요?"

미래는 더 이상 놀랄 일이 없을 줄 알았지만, 매번 20, 30년 후의 금액만 계산하면 깜짝깜짝 놀랐다.

"하하하, 자네 덩치에 어울리지 않게 의외로 소심하구먼. 자, 여기서 한 번만 더 나가보자고. 36년 후엔?"

"6억 4천! 우와, 1천만 원으로 36년간 가만히 묻어두기만 해도 6억 4천만 원이 가능하다니……."

"그래 어떤가? 계산만으로 벌써 부자가 다 된 것 같지 않은가? 부디 이번에 복리의 마법이 얼마나 위대한지 깨우쳤으면 하는 마음이네. 오죽했으면 아인슈타인이 이 복리 효과를 세계 8대 불가사의라고 불렀겠는가 말이야."

"아저씨! 아저씨 말대로 복리의 마법을 통해서 저도 꼭 부자가 되고 싶습니다. 정말로 꼭 그렇게 되고 싶습니다."

미래는 가슴 저 밑에서 뜨거운 것이 솟구쳐 올랐다. 목소리는 심하게 떨렸다. 흥분한 미래와 달리 맨해튼 신사의 목소리는 차분했다.

"자네, 지금 차 있는가?"

"네, 염치없지만 아직 팔지 못하고 있습니다."

"염치없기는. 그래, 무슨 차인가?"

"네, 중형 SUV를 몰고 있습니다."

"그 차, 처음 뽑을 때 얼마가 들었나?"

"대략 3천만 원 정도 했습니다."

"그렇다면, 3천만 원을 연 12% 이자로 해서 30년간 계산을 해보게. 그러면 자네가 그동안 얼마나 큰 자산으로 호사를 부렸는지 금방 깨우칠 걸세."

"……."

미래는 계산이 안 되는지 끙끙거렸다.

"괜찮아. 나무라지 않을 테니까 천천히 하게. 다 공부다 생각하고 말이지."

"네, 30년 복리로 하면, 음 아까 1천만 원으로 계산했을 때 32배였으니까, 3천만 원에 32배면…… 헉, 거의 9억 원이 넘는 것 같습니다. 무려 9억 원이오!"

미래는 마치 큰 잘못을 저지른 학생처럼 고개를 들지 못했다.

"허허, 그렇군. 자네 말이야, 미래의 큰 부와 지금의 편리함, 과연 이 둘 중에 어떤 것이 진정으로 가치가 있는지 이번에 꼭 한번 고민해보게."

'지금의 편리함과 미래의 큰 부라…….'

"만약에 말일세. 자네가 차를 뽑지 않고 그 돈을 30년 정도 복리 상품에 묻어뒀다고 가정해보게. 몇 개의 복리 상품에 분산해서 말이야. 그러면 자네가 노인이 되는 60세에는 어쩌면 9억 원을 받을 수도 있을 걸세. 굳이 노후 대비라고 지금부터 연금 따로 붓고 할 필요도 없겠지. 이 정도의 금액이면 국민연금이 고갈되더라도 아무 걱정이 없을 것이야. 이렇듯 젊은 시기에 종자돈은, 훗날 시간이 보태지면서 상상할 수 없는 목돈으로 불어난다는 사실을 꼭 명심하게. 그러면 절대 푼돈이라도 허투루 낭비하는 경우는 없을 거야."

미래는 부끄러운 마음과 억울한 마음이 교차하면서 머리를 들 수 없었다. 맨해튼 신사는 고개를 숙이고 있는 미래의 어깨를 조용히 다독였다.

"미래 군, 실망하지 말게. 자넨 이제부터가 시작이네. 내가 사업에 실패하고 미국을 건너갔을 때가 대략 몇 살 때라고 생각하는가?"

"……."

"35세 때였네. 맨해튼 인디언 얘기를 들었을 때는 한 해 뒤인 36세 때였고. 아마 자네보다 한 다섯 살 더 먹었을 거야. 그런데 자네 혹시 '커넬 샌더스'라는 인물을 아는가?"

"글쎄요. 가수 이름 같기도 하고."

"가수? 하하하. 그렇게 화려한 사람이 아니라네. 언제 시간이 나면 『행복한 달인』이라는 책을 읽어보게. 그 책에서 '커넬 샌더스'라는 사람의 얘기가 자세하게 나오지. 그러면 잠시 그에 대한 얘기를 좀 하겠네. 그는 시골 국도변에서 작은 레스토랑을 운영하다가 65세에 파산을 한 사람이라네. 흔히 시골에서 볼 수 있는 그저 그런 노인이지. 불운하게도 새로운 국도가 자신의 레스토랑과 상관없는 곳으로 나면서 그 노인은 25년간 쌓아올린 모든 것을 한순간에 날려버리게 된다네. 만약 자네가 그 노인처럼 65세에 파산하고 수중에 단돈 10만 원만 남았다면 자넨 어떻게 살았을 것 같은가?"

"글쎄요, 65세라면 재기하기에도 늦었고, 음, 아마 엄청난 상실감에 국가를 원망하며 술로 허송세월했을 것 같네요."

"허허허, 솔직하구먼. 그런데 이 노인은 달랐다네. 낡은 픽업트럭을 끌고 현실 너머에 멋진 세계를 꿈꾸며 과감하게 그곳을 떠났다네. 자신의 꿈을 찾아서 먼 여행을 떠날 수 있도록 도와준 새 국도를 고마워하면서 말일세."

"우와, 새 국도로 인해 파산했는데, 그게 가능한 얘긴가요?"

"그럼, 실제 있었던 실화인데. 아무튼, 그 노인은 낡은 픽업을 끌고 자신에게 자금을 대줄 사람을 찾아 먼 길을 나섰다네. 자신이 가진 요리 기술에 투자할 사람을 찾아서 말일세."

"그 나이에 투자자를 찾아 나선다는 것이 결코 쉽지 않았을 거 같네요."

"그렇지, 우리 상식으로는 말이 안 되는 얘기지. 파산한 65세 노인에게 돈을 대줄 사람이 어디 있겠나. 노인은 노숙자처럼 차에서 먹고 자면서 무려 3년을 그렇게 투자자를 찾는 데 썼다네. 어느덧 나이만 더 먹어 68세가 되었지. 미래 군! 이 노인이 3년간 몇 번의 거절을 받았을 것 같나?"

"글쎄요, 한 100번? 아니면 200번?"

"자네가 생각하는 것보다 훨씬 더 많은 거절을 당했다네."

"그러면, 한 500번?"

"허허허, 놀라지 말게. 70세를 바라보던 노인이 그때까지 총 1,101번의 거절을 당했다네."

"네? 1,101번이라고요? 정말 말도 안 돼. 아니 그러면 1,102번째 투자자를 만났다는 말씀이세요?"

"그렇지. 정확히 1,102번째 도전 끝에 승리를 쟁취한 것이지. 정말 인간 승리라고 봐야지."

"아저씨, 도대체 그 사람이 세운 회사의 이름이 뭔가요?"

"응, 켄터키프라이드치킨, 흔히 KFC라고 하지."

헉. 미래는 순간 가슴이 멎는 것 같았다. 외식사업의 거대 기업인 KFC가 70세 노인이 차렸다는 사실에 가슴이 먹먹해졌다. 그것도 1,101번씩이나 거절당하면서도 절대 포기하지 않고 자신의 꿈을 실현했다고 생각하니 자신도 모르게 콧날이 시큰해졌다. 한참이 지나서 맨해튼 신사가 조용히 입을 뗐다.

"문제는 현재를 생각하느냐 미래를 생각하느냐의 차이에 있다고 봐. 미래에는 인생의 밑바닥도 없어. 포기하지 않으면 더 잃을 것이 없는 밑바닥이 바로 터닝 포인트가 되는 거지. 앞의 KFC를 차린 노인으로부터 배워야 할 점 중에서 가장 중요한 것도 바로 그거야. 자기의 삶의 터전인 레스토랑을 잃자 실의에 빠지기보다는 자신을 해

방시켜줘서 고맙다고 생각했다는 점이야. 바로 긍정의 힘이지. 그 노인은 현실 때문에 미래를 포기할 뻔했었는데 인생의 밑바닥에 이르니까 더 잃을 것이 없자 평소의 꿈인 미래를 찾아 나선 것이지. 어떤가, 지금 실의에 빠진 자네에게 배울 점이 많은 얘기 같은데.”

“네, 제가 어리석었습니다. 그동안 조금만 일이 꼬이면 세상에 대해서, 사람에 대해서 무작정 짜증을 냈습니다. 특히나 돈 문제라도 겹치면 거의 자학 수준이었으니까요. 저한테 참을성이 항상 부족했는데 오늘 얘기를 듣고 보니 반성이 많이 됩니다.”

“허허허, 다행이네. 자네가 참을성이 없다고 하니까 생각나는 것이 있는데, 성경에 이런 말이 있다네. ‘항상 기뻐하라.’ 자네, 혹시 종교는 있나?”

“없습니다. 그런데 항상 기뻐하라는 말은 조금 진부한 것 같네요.”

“허허, 그런가? 진리는 다 그렇게 느껴지는 법이지. 아무튼, 여기에서 주목해야 할 점은 ‘항상’이라는 말이 들어간다는 사실이네. 우리는 대개 좋을 때 기뻐하는데 이것은 인간만 그런 것이 아니라 지성이 없는 동물도 그 정도는 한다네. 문제는 좋지 않을 때도 기뻐할 수 있느냐 하는 것이지. 물론 쉽지 않으니까 성경에 그런 구절이 들어 있겠지만 말이야. 자네, 새옹지마란 말 아는가?”

“그럼요, 그 정도는 알죠. 좋은 일이라고 생각했던 것이 막상 나한테 나쁜 영향을 미칠 수 있듯이, 나쁜 일도 때로는 좋은 방향으로 풀리는 경우가 있다는 그런 고사성어잖아요."

"잘 알고 있구먼. 인생이 고달프다고 쉽게 포기하지 말라는 옛 선조의 지혜가 담긴 말이지. 자네, 앞으로 항상 감사하고 항상 기뻐하면서 살게나. KFC 노인이 자기 삶의 터전인 레스토랑이 헐리자 비관하기보다는 오히려 자기의 꿈을 펼칠 수 있는 절호의 기회라고 기뻐했다는 사실을 꼭 기억해야 하네. 바로 이런 긍정의 힘, 항상 기뻐하는 마음 때문에 그는 성공했으니까."

"네, 명심하겠습니다. KFC 노인의 철학이 새옹지마에 나오는 변방의 노인과 같았던 것 같습니다."

"잘 봤네. 자네한테 딱 맞는 교훈인 거 같구먼. 결론적으로 누구에게든 늦은 것은 없네. 늦었다고 생각하고 포기하면 그땐 늦은 게 되겠지. 자네도 늦었다고 생각하는 순간이 들거든 70세에 1,101번의 거절을 받으면서도 절대 포기하지 않았던 KFC 노인을 생각하게나. 알겠나?"

"네, 제가 그동안 세상을 너무 만만하게 봤던 것 같습니다."

"세상을 만만하게 봤다……. 음, 자기 성찰하기 좋은 표현이구먼. 아무튼, 투자의 세계에선 늦은 건 없네. 오히려 늦었다고 생각되는 순간 투자의 세계에 뛰어들어야 할 시점이네. 그때를 놓치면 자기 인생에서 기회는 다시없게 되는 것이지. 그리고 어느새 노인이 되어서는 평생을 후회하며 쓸쓸히 죽어가게 된다네."

KFC
KFC

"제가 잠시 포기할 뻔했던 지난 과거를 생각하니까, 정말 끔찍할 뿐입니다. 이제부터라도 정신 바짝 차리도록 하겠습니다."

"그래야지, 암 그렇게 해야지. 마지막으로 이 말을 꼭 해주고 싶네."

"무슨……?"

"음, 자네에게 노후가 영원히 오지 않을 것처럼 살지 말게나. 자네 말이야, 아마도 자네가 생각하는 것보다 열 배는 더 빠르게 노인이 될 걸세. 허허허. 그리고 이 말도 꼭 기억하게. 이미 과거에 늙어서 죽었 거나 지금 노인들 모두 자신이 그렇게 쉽게 노인이 되리라 꿈에도 생 각하지 못했을 그런 젊은 시절이 있었다네. 자네라고 예외가 있겠나!"

그날, 미래는 쉽사리 잠을 이룰 수 없었다. 아버지와 그 친구 분들 의 삶의 역정을 들으니 자신은 그저 철부지 어린애에 불과했다. 담배 를 한 대 피울 요량으로 마당에 나섰더니 아버지가 마당을 어슬렁거 리고 있었다.

"얘야, 요즘 무척 힘들어 보인다. 좀, 어떠냐?"

미래는 입에 물려던 담배를 슬그머니 내려놓고는 아버지를 향해 질문을 던졌다.

"아버지! 일전에 저한테 이런 말씀을 하셨죠. 눈 뭉치는 결코 클 필 요가 없다고 말이죠."

미래의 질문이 뜬금없었는지 아버지는 눈을 동그랗게 뜨며 말했다.

"응, 그랬지. 너도 그때 직접 보았지 않니?"

"네, 그때 아버지는 작은 눈 뭉치가 생기면 언덕 아래로 즉시 굴리셨죠. 그때 제게 알려주신 교훈이 뭐였죠?"

"아니, 몰라서 묻는 게냐?"

"아뇨. 그냥, 확인하고 싶어서요."

"작은 눈 뭉치! 그리고 긴 언덕!"

"네, 그랬었죠. 저한테 필요한 것은 종자돈과 긴 시간이라고 말씀하셨죠. 종자돈이야 어차피 클 필요가 없다고 하니 상관없는데 문제는 충분한 시간이 제게 있느냐 하는 것입니다. 오늘 맨해튼 아저씨한테 충분히 배우고도 걱정이 사라지지 않네요. 복리만 생각하면 제가 앞으로 돈을 굴릴 수 있는 시기가 너무 짧은 것 같아서요."

"허허허, 녀석. 어른 앞에 버릇없이 나이를 들먹이다니. 그렇다면, 하나 묻자. 돈 많은 늙은 부자와 너처럼 가난한 젊은이가 서로 삶을 바꿔서 살 수 있다면, 넌 돈 많은 노인으로 살고 싶으냐?"

"아버지도 참. 그건 아니죠."

"그렇지? 지금 너의 나이는 모든 노인들에겐 정말 탐나는 나이란다. 너의 나이로 돌아갈 수 있다면 아마도 자기가 가진 모든 것을 바칠 노인들이 지천으로 널렸을 거다. 그러니 더는 나이 운운은 하지 말거라."

"아버지, 그게 아니고요. 제가 말씀드리고 싶은 것은 시간의 레버리지를 활용하기 위해서, 다시 말해 복리의 마법을 통해 큰 부를 이루려면 긴 시간이 필요한데, 혹 제게 시간이 부족한 건 아닌가 하고 말씀드리는 거예요."

"미래야, 지금 우리나라 남자들 평균수명이 얼만지나 아느냐?"

"글쎄요? 한 65세? 여자들은 70세쯤?"

"허허허, 녀석. 너의 머릿속에는 모든 통계가 엉망으로 입력되어 있구나. 평소 뉴스나 신문을 안 보니 그렇지. 잘 들어라. 우리나라 남자 평균수명은 2008년 상반기 기준, 75.7세다. 여자들은 82.4세이고. 아마도 네가 생각하는 것보다 상당히 높을 게다."

"와, 그렇게 높아요? 그렇다면, 앞으로 제가 더 살 수 있는 시간도 40년 이상 남았다는 결론이 나오네요."

"40년이 아니라 최소한 50년은 더 살 게다. 인간들의 수명은 계속 늘어나고 있으니까 말이다. 2030년에 평균 나이는 남자 85세, 여자 93세라는 통계를 본 것 같다. 그렇다면, 앞으로 너는 55살은 더 산다는 얘기가 된다. 오죽하면 100세까지 보장하는 보험 상품이 나오겠니. 자, 이래도 시간이 부족하냐?"

"하하하. 죄송해요, 아버지. 저 혼자서 괜히 고민했네요."

"허허허, 보기보다 욕심이 많구나. 그러니 얼마 동안 벌 수 있을까를 꼼꼼히 따지지. 아무튼, 넌 분명히 성공할 게야. 복리 효과를 위해 충분한 시간을 벌써 고려하고 있으니 말이다."

"그래요? 말씀만 들어도 기분 좋네요. 그렇지만, 저한테 시간이 충분하다고는 생각하지 않으려고요. 그때 아버지가 저한테 이런 말씀을 하셨죠. 눈 굴리기 게임의 비밀은 누가 먼저 언덕에서 눈 뭉치를 굴렸느냐에 있다고 말이에요. 눈 뭉치의 크고 작음은 크게 상관없다는 말씀도 하셨죠."

"그랬지, 너처럼 종자돈이 풍부하지 않은 젊은이에게는 시작이 가장 중요하다고 했을 거야. 시간이 충분하지 않다고 느끼는 순간, 바로 시작해야지. 그나마 조금이라도 더 시간을 확보하고자 말이야."

"그런데 지금도 의문은 들어요. 조금 더 일찍 시작했다고 해서 과연 부를 축적하는 데 큰 차이가 있는지 말예요."

"허허허, 지금 할아버지 유산을 의심하는 게냐?"

"의심하는 게 하니라, 실제 현실에서 돈을 모으는 데 영향이 크지 않을 거 같아서요."

"그렇게 생각하니? 좋다, 그러면 내가 질문 하나 하마. 지금 네가 피려던 이 담배 말이다……."

"……네. 조만간 끊을 거예요."

"그래 당연히 끊어야겠지. 확실하게 끊으려면 한번 계산이나 해보자구나."

"네? 또 해요? 최근에 얼마나 계산을 했는지 머리가 다 아플 지경이에요. 그냥 생략하시죠."

"그렇게는 못하겠다. 네가 항상 의심하고 있으니 말이야. 빨리 대답이나 해보거라. 음, 지금 담뱃값이 얼마 정도 하지?"

"음, 보통 2,500원이오. 저는 건강 생각해서 조금 비싼 3,000원짜리 피웁니다."

"녀석, 입도 고급이구나. 그래 3,000원이라…… 그러면 한 달에 90,000원, 1년이면 어림잡아도 108만 원 정도는 태워서 없애겠구나."

'108만 원?' 심심풀이로 피던 담배가 1년에 108만 원이나 된다는 생각에 미래는 커피 값 계산할 때와 같은 두려움이 생겼다.

"휴, 정말 담배를 끊든가 해야겠어요. 막상 1년 치를 묶어서 계산하니까 결코 만만치가 않네요."

"고작 1년 치인 108만 원이란 금액에 놀라다니. 이건 약과란다. 자, 그러면 하루 3,000원의 담뱃값이 충분한 시간과 결합했을 때 얼마나 불어나는지 한번 볼 테냐?"

"어휴, 또 놀라게 하시려고요? 이제 거의 짐작이 됩니다. 엄청 불어나 있겠죠, 뭐."

"그래 어디 한번 많이 놀라봐라. 어떤 기사에 이런 것이 있더구나. 20대 흡연자가 담배를 끊고, 80세까지 그 담뱃값을 금융기관에 저축할 경우, 서울 시내에 아파트 한 채를 장만할 수 있다고 말이다."

"에이, 아버지. 그런 거짓말은 하지 마세요. 담뱃값으로 아파트라니 이건 좀 오버네요."

"뭐라고? 오냐, 내 확인시켜 주지. 너한테 그 기사를 보여주려고 오려둔 게 있으니까. 잠시만 기다려 보거라."

아버지는 방 안에 들어가더니 두툼한 공책을 한 권 가져왔다. 그리고 관련 기사를 한참 동안 찾았다.

"오, 여기 있네. 잘 보거라."

아버지가 찾아낸 기사에는 2004년 9월 11일, 문화일보라고 표시되어 있었다.

"이건 연 이자율을 CMA 이자 수준인 5%를 기준으로 한 것이고. 만약 연 수익률이 주식 연평균 수익률인 10%라면 그땐 얘기가 완전히 달라지겠지? 여기 다른 기사가 있구나. 강릉일보에 나왔던 기사 내용인데 한번 보자구나."

아버지는 스크랩한 신문을 미래 쪽으로 쫙 펼쳤다.

“미래야, 10년이면 담뱃값의 원금이 얼마냐?”

“10년요? 1년에 108만 원이니까, 1,080만 원이 되네요.”

“그렇지. 자, 봐라, 여기 기사에도 그렇게 나와 있구나. 여기에 수익률 10%를 적용하면 1,813만 원이라고 나와 있구나. 20년 지나면 6,500만 원, 30년 후에는 1억 8,700만 원, 네가 70세가 되는 40년 후에는 5억 350만 원으로 불어난다고 되어 있어. 어떠냐? 이래도 믿지 못하겠다는 거냐?”

“휴, 담뱃값을 모아도 시간만 지나면 5억이 되고, 커피 값을 모아도 시간이 지나면 6억이 되고……. 아무튼, 끈기만 있으면 목돈을 만든다는 데에는 이제 100% 공감합니다.”

“사실 대부분의 흡연자는 이런 계산법이 있는지, 담뱃값을 오랫동안 모아서 이런 거금으로 불릴 수 있는지, 심각하게 생각해본 적이 없을 거다. 그러니 담배를 그렇게 피웠겠지만 말이다. 미래야, 비록 푼돈이지만 이렇게 충분한 시간이 결합하면 상상할 수 없는 큰돈으로 불어나게 된다는 사실을 잊으면 안 된다. 부자의 비밀은 바로 여기에 있으니까 말이다.”

이제 더 이상 반론도, 의심도 통하지 않는다는 것을 깨우쳤는지 미래는 힘없이 고개를 끄덕였다.

“아버지가 할아버지 유산을 새삼 상기시켜 주시네요. 작은 눈 뭉치라도 긴 언덕을 구르게 되면 엄청난 눈 뭉치가 된다는 진리를 말예요."

"그렇단다. 애야, 부자가 되는 비결은 특별히 따로 존재한다고 생각하느냐? 절대 그렇지 않단다. 부자들의 비밀은, 바로 이 푼돈을 절약하고 또 절약해서 저축하고, 이렇게 만든 종자돈을 가지고 다양한 상품, 즉 부동산이나 주식 혹은 장기 보험 등에 분산해서 묻어두는 것이다."

"그리고 이것을 오랫동안 반복했겠죠?"

"허허허, 그렇지. 부자들은 항상 먼 미래를 생각하면서 돈을 아꼈단다. 먼 미래를 생각하면서 현재의 불편함이나 약간의 고통을 참았던 것이지."

"흠, 제 이름이 미래니까 저도 미래를 위해서 현재의 고통쯤은 잘 참을 수 있을 것 같아요. 참, 미래라는 제 이름은 아버지가 지어주신 이름이에요?"

"아니다. 항상 미래를 위해 살라고 네 할아버지가 직접 지은 이름이란다."

"네, 그런데 아버지! 저한텐 그런 미래가 온다는 것이 사실 실감이 나지 않는 거 있죠?"

"너의 미래가 실감나지 않는다고? 네가 중요한 얘기를 했구나. 대부분의 사람은 자신의 미래를 얘기하면 고작 1년 후, 길어야 10년 후 정도를 떠올린다고 하더구나. 20년 30년 후의 미래는 아예 생각도 미치지 못한다는 것이지. 실제 재정적으로 자신과 가족들을 곤경에 빠트리거나 건강을 잃고서 괴로워하는 것은 당장의 미래가 아니라 20년 후, 30년 후의 먼 미래인데 말이다."

"그동안 저도 주위나 언론에서 미래에 대한 걱정스러운 얘기가 나오거나 노후 대책에 대한 얘기가 나오면 거의 무시해버렸어요. 나한테 올 것 같지 않은 미래이자 노후에 대해서 벌써 고민할 필요가 있나 하는 생각에서요. 간혹 보험설계사로 일하는 주변 사람들이 같은 얘기를 반복할 때도 의식적으로 못 들은 척하기 일쑤였고요."

"그랬을 거야. 나도 젊은 시절엔 그랬으니까. 미래야, 이 아비도 오늘 맨해튼 신사가 한 말과 같은 말을 해주고 싶구나."

"어떤 말씀이오?"

"응, 과거에 살았던 대부분의 사람도 지금 우리와 똑같이 20년 후, 혹은 30년 후의 미래가 자신한테 영원히 오지 않을 것으로 믿었을 거야. 그러나 그들 모두는 결국 늙어서 죽고 말았지. 지금 지구에 살고 있는 인구의 수십, 수백 배나 되는 과거의 선조들이 막연하게 생각했던 그 미래에 벌써 도달했고 또 대부분 죽었다는 사실을 기억해야 한다. 그리고 너에게도 반드시 그런 미래가 온다는 사실을 잊지 말도록 해라."

"아버지, 그렇게 말씀하시니 괜히 슬퍼지네요. 아버지나 설희를 생각하니까 더욱 그렇고요."

168

　"허허허, 내 아들이 의외로 감수성이 풍부하구나. 아무튼, 푼돈을 쉽게 써버리고, 저축을 하지 않는 이유는 모두 다 자신한테 미래가 금방 온다는 것을 인정하지 않기 때문이란다. 미래는 마치 영원히 오지 않을 것처럼 행동하는 것이지. 만약에 말이다, 내일 당장 자신이 노인이 된다면 과연 쉽게 지갑을 열어서 외식하고 지하철이 있는데도 택시를 타거나 백화점에서 쇼핑을 펑펑하고, 그러겠니? 아마도 그렇게 할 사람은 단 한 사람도 없을 것이다."

　"정말 우리 인생에 젊은 시절이 10년이고 노후가 60년이라면, 젊은 시절의 생활 태도는 180도 바뀌겠네요."

　"허허허, 좋은 얘기구나. 그렇게 생각하고 살면, 미래를 대비하는 데 큰 도움이 되겠구나. 부자가 되려면 그런 정신이 필요하기도 하겠어. 사실 부자들은 현재를 위해 산 사람이 아니라 미래를 보고 산 사람들이라고 보면 돼. 먼 미래를 생각하면서 돈을 절약했고 또 저축했을 거니까 말이야. 먼 미래가 자신한테 반드시 온다고 생각했기 때문에 자기 돈이 부족하다는 생각을 했을 것이고, 그 돈을 불리고자 적극적인 투자를 했던 것이지."

　"미래가 없는 사람은 결코 저축하거나 투자를 하지 않을 거 같네요. 당장 쓰기도 바쁠 테니까요. 추측이지만, 역이나 지하철에서 노숙하는 사람들 대부분이 아마도 꿈이 없거나 미래를 포기했기 때문이 아닐까 싶네요."

"일리 있는 말이다. 자, 이제 네 얘기로 돌아가서…… 미래야, 결코 늦었다고 생각하지 말고 지금이라도 담배를 끊도록 해라. 너의 미래를 위해서, 그리고 새아기나 훗날의 너의 2세를 위해서 말이다. 할아버지의 첫 번째 유산이 뭔지 잊지 않았겠지?"

"그럼요. 잊다니요. 단 하루도 생각하지 않는 날이 없었는데요. '손 안의 눈은 녹는다! 녹기 전에 단단하게 뭉쳐라!' 어떨 땐 이 말이 제 꿈에도 나온다니까요."

"허허허, 그러냐? 비록 작은 푼돈이라도 모으지 않으면 금방 사라지게 된다는 것은 변하지 않는 인생의 철학이다. 특히나 이런 담뱃값이나 커피 값 같은, 네가 잘 느끼지 못하는 작은 푼돈들은 네 손을 더욱 쉽게 빠져나가는 법이지. 따라서 넌 종자돈 모으는 데 실패할 것이 뻔하고."

"알겠습니다. 작은 푼돈이 생길 때마다 눈이라 생각하고 뭉치겠습니다. 그리고 잘 지켜질지 모르겠지만 먼 미래를 위해 지금부터 담배를 끊도록 하겠습니다. 정말로 약속드립니다."

"담배를 끊고는?"

"그 푼돈이 사라지지 않게 매일 저축을 하겠습니다."

"그러곤?"

"설희와 상의해서 펀드 계좌를 하나 트든가 하겠습니다. 한 달 담뱃값에 해당하는 10만 원 정도를 갖고 말예요."

"음, 거 좋은 생각이다. 부자들 대부분이 처음에 갔던 길과 정확히 일치하는구나. 근데 문제는 이렇게 출발이 같다고 해서 모두가 부자가 되는 것은 아니란다. 그 이유는 잘 알겠지?"

"네, 눈 굴리기는 중간에 멈추면 안 되듯이 계속 굴리는 것이 관건이겠죠. 앞으로 최소한 30년은 멈추지 않고 말입니다. 뭐, 노후 자금이라 생각하고 푹 묻어두죠, 뭐."

"노후 자금이라…… 그러기엔 담뱃값만 모아서는 좀 부족하지 않겠니?"

"그래요? 그러면 커피도 줄이죠, 뭐. 커피도 줄이고 펀드에 계좌 하나 더 트면 되겠네요. 이 두 가지만 꾸준히 실천해도 제가 60살이 되는 시점에 거의 4억 원은 모아질 것 같네요. 중간에 결코 멈추지만 않는다면 말이죠. 그래도 부족하면 택시비나 술값도 대폭 줄여버리죠, 뭐."

미래는 말을 마치고 결심이 섰는지 담뱃갑을 꺼내서는 휴지통에 버렸다. 담배를 버리는 순간 30년 후의 1억 8천만 원이라는 거금이 생긴 듯 기분이 좋았다. 그런데 과연 담배를 끊었을 때 그 고통을 참을 수 있을까? 누군가 그랬다. 인생에 참을 수 없는 고통은 없다고. 겨우 담배 끊는 정도를 고통이라고 할 수 있겠는가. 미래는 충분히 참을 수 있다고 자신하면서 어금니를 깨물었다.

눈 덩이는 동시에
많이 굴려라
수입 확대

맨해튼 신사와 헤어진 지도 몇 달이 지났다. 경리과 선배의 도움으로 카드 연체는 일단 막았다. 그러나 마이너스 대출이며 자동차 할부금 등은 통장에서 여전히 빠져나갔다. 매달 월급 통장에서 할부금이나 공과금이 빠져나가고 미래의 손에 남는 것은 채 40만 원이 안 되었다. 언덕에서 굴릴 눈 뭉치가 자신의 손에 하나도 없다는 사실에 미래는 조금씩 지쳐갔다. 그날도 우울한 기분을 안고 퇴근하는 길이었다. 집 앞에서 아버지를 만났다. 일부러 아들을 기다린 것 같았다. 아버지는 미래를 앞세우고 동네 입구의 포장마차로 향했다. 안주가 나오기 전에 미래는 소주 한 잔을 입에 털어 넣었다.

"무슨 일이세요?"

미래가 궁금증을 이기지 못하고 물었다. 아버지는 미래를 물끄러미 봤다. 이어서 안주 없이 소주를 한 잔 마시더니 말없이 주머니를 뒤져 통장 하나를 꺼내 놓았다. 미래는 궁금한 표정으로 아버지의 얼

174

굴을 봤다. 아버지는 어서 펴 보라는 눈짓을 주더니 자작으로 또 한 잔을 들이켰다. 미래는 궁금증을 참지 못하고 통장을 펼쳤다. 통장에는 '홍미래'라는 이름이 찍혀 있었다.

'어? 내 이름의 통장이?'

평소 어려워도 아버지에게 손 한 번 벌리지 않았었지만, 은근히 아버지의 지원을 기대했던 미래였다. 그런데 막상 아버지가 자신을 위해 만든 것 같은 통장을 보자 미래는 가슴이 쿵쾅거리기 시작했다.

그동안 절약이 몸에 배면서 근근이 빚을 갚아가고 있던 참이었으나 미래의 재정 상태는 크게 나아진 것이 없었다. 비록 훗날을 생각하며 현실의 불편을 참으려 했지만 그러기에는 현실이 너무 냉혹했다. 사실 불편한 정도를 넘어선 지도 이미 오래였다. 점심 값을 아껴 볼 요량으로 도시락을 싸들고 다니면서까지 궁상을 떨었지만, 주위에 빈축만 샀지 형편은 전혀 나아지지 않았다. 그러던 차에 느닷없이 나타난 자신 명의의 통장, 미래는 흥분과 기대로 얼굴이 벌겋게 달아올랐다. 조심스럽게 액수를 확인한 미래는 더욱 믿기지 않는다는 듯 아버지를 바라보았다.

통장에는 6,700만 원이라는 거금이 찍혀 있었다.

미래는 이게 무슨 돈이냐는 듯 아버지를 뚫어져라 봤다. 아버지는 가볍게 씩 웃고는 입을 열었다.

"너, 평소 이까짓 푼돈 모아서 언제 부자가 되느냐고 입버릇처럼 말했지?"

　그랬다. 자신이 아버지에게 입버릇처럼 말했던 것이 "이까짓 푼돈 아껴서……."였다. 아버지는 미래가 어렸을 때부터 오랫동안 식당을 운영했다. 미래는 그 식당에서 설거지와 청소를 도맡아 했다. 고기 불판은 그냥 편하게 전문 세척업체에 맡기자고 매일 투정부렸던 것이 미래였다. 그러나 아버지는 그 일만큼은 항상 자신에게 맡겼고 그럴 때마다 미래는 "이거 닦는 비용 아껴서 얼마나 더 번다고……." 하면서 아버지에게 툭하면 항의했었다.

　그뿐만 아니었다. 불과 몇 개월 전에도 푼돈 운운하며 아버지를 비판했었다. 그때, 미래는 아버지랑 구청을 갈 일이 있어서 별생각 없이 택시를 잡았었다. 그러자 아버지는 겨우 두 정거장 거리를 굳이 택시를 탈 필요가 있느냐며 그냥 걸어서 갔다. 그때 신경질적으로 미래가 뱉은 말도 같은 내용이었다. 미래가 생각에 잠겨 있는 사이, 아버지가 소주잔을 들이켜며 미래에게 말했다.

　"자, 어떠냐? 그까짓 몇 푼들이 모여서 이렇게 목돈이 된 것을 보니……."

　"아버지……."

　"자 이것이, 네가 말한 그까짓 푼돈 몇 푼을 지난 20년간 쉬지 않고 굴린 것이란다."

"……."

미래는 아버지의 얼굴을 바라볼 뿐 입을 뗄 수가 없었다. 순간 눈물이 핑 돌았다.

"아버지……."

"당시 불판 세척이나 식당 청소를 위해 한 사람 더 고용할 수도 있었단다. 그랬다면 들어갔을 돈이 한 달에 대략 15만 원 정도 했을 거다. 너 통장에 그 돈을 넣어주고 일부러 너를 끌어들였단다. 노동이 뭔지, 저축이 뭔지를 직접 체험시켜 주려고 말이야."

"전 그것도 모르고……. 아버지, 고맙습니다. 정말 이게 세월의 힘인가 싶고, 아직도 믿기지 않네요."

미래는 여전히 믿기지 않는 듯 통장을 흔들며 말했다. 그러자 아버지가 통장을 가리키며 말을 받았다.

"그렇단다. 푼돈이 이렇게 세월의 힘에 의해 목돈으로 탄생했구나. 짐작하겠지만, 은행만 이용하진 않았단다. 그때 만약 그 푼돈을 일반 은행에만 넣어뒀더라면 그보다 훨씬 못했을 거다. 대충 계산해봤더니 5,700만 원 정도에 불과하더구나."

"그럼, 복리 상품을 택했다는 이유만으로 1천만 원이 넘는 차이가 난 겁니까?"

아버지는 빙긋 웃으며 말했다.

"그래, 하지만 그렇게 긴 세월을 복리로 이자를 지급하는 상품은 흔치 않아서 애를 먹었단다. 있다면 겨우 저축성 보험 정도였단다. 지금이야 많지만 말이다.”

“보험 상품요?”

“그렇단다. 보험 상품 대부분이 복리식 구조로 되어 있어서 당시로는 네 돈을 불리기엔 최고의 상품이었단다. 장기로 가면 비과세 혜택까지 받을 수 있다고 해서 과감하게 보험 상품에다가 맡겼던 것이지. 결과적으로 잘한 선택이었다고 본다.”

“햐, 아버지 정말 대단하세요. 저는 그동안 보험은 그냥 사고나 병에 걸렸을 때 이용하는 것으로 알았는데 그게 아니었네요. 보험이 복리식 구조로 되어 있다는 것이 믿기지 않네요.”

“응, 네가 평소에 알고 있는 것은 보장성 보험이고, 나는 저축성 보험을 이용한 것이지. 물론 보험 성격상 보장성을 조금 띠고 있기는 했지만 말이다. 어쨌든 너한테 세월의 힘이 얼마나 큰 것인지 이렇게 실제로 보여줄 수 있어서 너무 뿌듯하구나.”

“아버지…….”

미래는 감정이 복받쳐서 말을 잇지 못했다. 눈에는 촉촉이 눈물이 맺혔다. 미래는 손등으로 눈물을 훔치며 아버지를 봤다. 어린애보다 작은 키, 우스꽝스러울 정도로 큰 얼굴. 그러나 자신한테 가장 소중한 사람이었다. 미래는 아버지의 작은 가슴에 안겨 한동안 눈물을 흘렸다.

아버지와 미래는 술을 몇 순배 더 돌리고서야 포장마차에서 일어났다. 두 사람은 손을 꼭 잡은 채 밤길을 걸었다.

"아버지는 참 독하세요. 그동안 어떻게 내색도 한 번 안 하실 수가 있어요? 통장에다가 이렇게 목돈을 오랫동안 넣어둔 채 말이에요?"

아버지는 빙긋이 웃었다.

"원래 부모란 다 모질단다. 부모는 그저 제 자식들이 잘되길 바라는 마음으로 키우는 것이지, 자식한테 자랑하고 생색내려고 부모 노릇하는 사람은 아무도 없단다. 계획이 있으면 그냥 계획을 끝까지 밀고 가는 것뿐이지. 특히 제 자식에 관한 계획은 더욱 그렇단다. 아무튼, 나도 부모인데 중학생인 너를 새벽부터 깨워서 식당 청소며 불판 설거지를 시켰으니, 내 마음인들 편했겠느냐. 하지만, 먼 미래를 위해, 네가 어른이 되어서 인생에 중요한 고비를 맞았을 때를 생각하며 오랜 세월 동안 내색하지 않고 참았던 것이지. 근데 살아보니 20년, 참 금방이더라. 네가 까까머리 학생일 때가 정말 엊그제 같았는데 말이야."

아버지는 과거를 회상하는지 눈을 지그시 감으며 걸었다. 미래는 걸으면서 통장을 보고 또 봤다. 통장의 숫자를 볼 때마다 믿기지 않는다는 듯 고개를 갸우뚱거렸다.

"아버지, 정말 믿기지 않네요. 얼마 전에 아버지 친구 분들께서 성공담을 말씀해주실 때만 해도 그저 놀라울 뿐이었지 사실 현실감이 별로 들지 않았었거든요. 과연 나한테 저런 일이 일어날까 하고요. 그런데 막상 아버지가 현실에서 복리의 마법을 이렇게 떡하니 보여주시니까 이건 정말 놀라운 거 있죠. 아무튼, 이것이 바로 할아버지의 유산이다 생각하니까 더욱 감사하고요.”

“허허허, 그렇지. 이것이 바로 네 할아버지의 위대한 유산이지. 내가 주는 유산이 아니라. 너 기억하지? '눈 덩이는 긴 언덕에서 오랫동안 굴려라.' 할아버지의 두 번째 유산 말이야. 얘야, 할아버지 유산은 이렇게 현실에서 누구나 실천할 수 있다는 것을 꼭 명심하도록 해라. 평생토록 말이다. 알겠지?”

“네, 알겠습니다.”

미래는 아버지 어깨에 손을 올리고는 지그시 힘을 줬다. 미래는 집에 도착할 때까지 아버지 어깨에 올린 손을 내리지 않았다. 집에 도착하자 아버지가 마루에 풀썩 앉으며 말했다.

“얘야, 너, 워렌 버핏이라는 양반은 잘 알고 있겠지?”

“네? 잘 알죠. 그런데 갑자기 워렌 버핏은 왜요?”

미래는 뜬금없다는 표정으로 되물었다.

“응, 그 양반이 세계 최고의 갑부가 될 수 있었던 것도 바로 할아버지의 유산과 같은 철학을 갖고 있었기 때문이거든.”

“네? 아니, 워렌 버핏이 우리 할아버지의 유산으로 부자가 되었다고요? 아니 그건 또 무슨 말씀이세요?”

“하하하, 할아버지의 영향으로 워렌 버핏이 부자가 되었다는 그런 말이 아니고, 그 사람도 복리의 마법으로 부자가 되었다는 뭐 그런 말이지.”

“아하, 그렇게 말씀하시니 이해가 되네요. 그 사람이 만든 펀드가 세계에서 제일 크고 또 설립한 지 족히 30, 40년은 되었을 테니까요. 그런데 그 사람이 복리로 부자가 되었다는 건 어떻게 아세요?”

“응, 일전에 그 양반의 인터뷰 기사를 봤단다. 거기에 이런 말이 있더구나.”

“어떤?”

“아마도 이런 내용으로 기억된다. ‘나는 11세 때에 신문을 돌려서 종자돈을 마련했고, 그 돈으로 주식투자에 뛰어들었다. 돈을 모으는 것은 마치 눈 덩이를 언덕에서 굴리는 일과 비슷했다. 나는 56년 높이의 언덕에서 눈 덩이를 굴렸으며 지금껏 멈추지 않고 있다.’ 뭐 이런 식의 내용이었을 것이다. 어떠냐? 네 할아버지의 유산과 똑같지?”

“네, 정말 그러네요. 혹시 우리 할아버지가 워런……?”

“원, 녀석. 하하하.”

“하하하. 아버지, 그런 거 보면, 부의 본질에는 동서양이 따로 없는가 봐요. 역시 큰돈은 오랫동안 굴려야 한다는 거 말이죠. 그런데 아버지, 대부분의 사람도 이런 식으로 부를 불려야 한다는 것을 잘 알면서도 부자가 되지 못하잖아요. 도대체 그 이유는 뭔가요?”

“글쎄? 아마도 조급함 때문이 아닐까?”

“조급함이오?”

“응, 그럴 것으로 생각되는구나. 복리라는 마법이 작동하려면 두 가지 절대 조건이 필요한데 아마도 조급증이 그걸 망치기 때문일 게다.”

“복리에서 절대 조건이 뭔데요?”

“응 뭐냐 하면 말이다. 반복 투자, 그리고 충분한 기간, 이 두 가지가 복리 투자의 절대 조건이란다.”

“반복 투자…… 충분한 기간.”

“그렇단다. 복리의 마법은 시간에 비례해서 제곱함수로 급증하는 특징이 있단다. 오래 묵히면 묵힐수록 어마어마한 크기로 불어나게 되지. 그러나 복리의 위력은 충분한 시간이 무르익기 전에는 너무 미미해서 욕심 많은 투자자를 만족시키지 못하는 법이란다. 결국, 때를 기다리지 못하고 대부분의 투자자는 복리 상품에서 돈을 빼고 말지. 복리의 마법은 거기서 멈추게 되는 것이고.”

“참 아깝네요. 욕심과 조급증 때문에 평생 부를 이룩할 기회를 날려버리고 마는 셈이네요.”

“그렇지, 투자 계정은 오로지 투자에 써야 하는데 돈이 필요하다고 해서 투자 계정을 깨서 써버리고 마는 것이지. 누구나 살면서 반드시 자금이 부족한 시기가 오는 법인데, 이때를 참지 못하고 구체적인 성과가 눈에 띄지 않는 복리 상품을 먼저 해약하게 되지. 결국, 복리의 마법은 그것으로 멈추게 되는 것이고."

"저런, 결론적으로 눈 뭉치가 언덕을 굴러 가다가 딱 멈춘 꼴이네요."

"적절한 비유구나. 그렇단다. 의심과 욕심 때문에 잘 굴러 가는 눈덩이를 세운 셈이지. 아니면 처음의 언덕에서 다른 곳으로 방향을 돌렸던지."

"그러면, 반복 투자는 어떤 의미인가요?"

"음…… 그건 말이다. 이렇게 생각하면 되겠구나. 수십 년을 단 한 번도 멈추지 않고 굴릴 수 있을 만큼의 긴 언덕은 실제 존재하지 않을 수도 있다. 그렇지 않니?"

"네, 정말 그렇긴 하네요. 평생 굴릴 수 있는 그런 언덕은 존재하지 않을 가능성이 크고 설령 있다고 해도 일반인이 찾기는 정말 어려울 것 같아요. 그러면 투자의 세계에선 반복적인 복리 투자는 현실적으로 불가능하다는 얘기가 되나요?"

"아니다. 음, 만약 굴리던 눈 덩이가 언덕 끝에 다다랐다고 판단이 되면 새로운 언덕을 찾아서 눈 덩이를 다시금 굴려주면 되지 않을까? 조금만 부지런하면 크게 어려운 일도 아닐 것이다."

"하하하, 정말 그렇군요. 생각 외로 해결이 쉽네요. 복리 상품에 가입했더라도 꾸준하게 관리를 하고, 적정 시기에 다른 상품으로 갈아

타면 그것도 쉽게 해결이 될 문제네요.”

“그렇단다. 아무튼, 복리 마법의 핵심은, 조금이라도 일찍 시작해야 하고, 또한 오랫동안 긴 언덕에서 굴려야 한다는 사실이란다. 이제 알겠지?”

“네, 잘 알겠습니다. 아버지! 근데 오늘따라 아버지가 너무 존경스러운 거 있죠?”

“정말 그러냐? 다 큰 놈이, 새삼 아부는······.”

“호호호, 오늘은 아부라도 떨고 싶네요. 참, 그나저나 제가 어렸을 때 왜 진즉에 이런저런 사정들을 말씀하지 않으셨어요. 그때 찬물에 설거지하면서 아버지를 얼마나 원망했었는데요.”

“하하하, 그걸 왜 모르겠느냐. 아까도 얘기했다만, 인생의 중간 지점쯤 해서 복리의 힘과 기다림의 결실을 직접 보여주고 싶었던 게야. 젊은 세대들은 도통 복리와 세월의 힘을 실감할 기회가 없거든.”

“그렇죠. 그 나이는 도움을 받기만 하면서 살아온 세월이니까 저축을 하거나 그 저축이 늘어나는 것을 체험할 기회가 별로 없었을 거예요.”

아버지는 미래를 돌아보며 진지하게 말했다.

“어이, 아들! 이젠 정말 이 아비 없이도 잘할 수 있지?”

아버지는 말을 마치고는 미래를 빤히 봤다. 아버지 눈빛이 쓸쓸하다고 느끼는 순간 가슴이 뭉클해졌다.

“네, 걱정 마세요.”

말을 뱉는 미래의 표정이 결연했다. 아버지가 흐뭇한 미소를 지으며 말했다.

“자, 그러면 이제 그 통장으로 분가하도록 해라!”

“네? 아버지…….”

미래는 뜻밖의 말에 깜짝 놀랐다.

“분가하라는 말이다. 이제 때가 된 것 같구나.”

“……?”

“너도 그렇고 새아기도 그렇고.”

“혹시? 설희 때문에 불편하셔서 그러시는 거라면…….”

“하하하. 새아기가 어때서. 그런 소리는 말아라. 네놈보다는 훨씬 효부니까.”

아버지는 껄껄껄 웃더니 방으로 들어갔다. 미래는 통장을 꼭 움켜쥔 채 머리를 빠르게 굴렸다.

‘그래, 이번에 정말 새롭게 출발해 보는 거야!’

그해 가을, 미래와 설희는 아버지가 물려준 통장으로 분가했다. 아버지 집과 몇 정거장 떨어진 곳에 두 칸짜리 전세방을 얻었다. 미래는 전세방을 얻고 남은 돈으로 카드빚은 물론 매월 고정비용이 될 만한 빚을 몽땅 갚았다. 그러고도 미래의 수중엔 1,500만 원 정도가 남았다. 미래는 나중에 설희를 깜짝 놀라게 해줄 요량으로 남은 돈에 대해선 비밀로 했다. 빚이 정리되자 월 급여 200만 원은 공과금 외에 특별히 빠져나가는 거 없이 고스란히 통장으로 들어왔다. 분가를 전후해서 몇 개월 동안은 더없이 행복했다. 두 사람은 매일 웃음이 끊이질 않았다. 한 가지 미래에게 걸리는 것이 있다면, 회사 생활에서 자신의 입지가 과거와 별반 달라지지 않았다는 점이다.

그러던 어느 날, 미래가 다니는 '스카이조명'의 3분기 실적이 발표되었다. 미래가 소속되어 있는 영업 1팀은 이번에도 꼴찌를 면치 못했다. 영업 1팀의 팀장인 김교만은 팀원들 모두를 당장 자르겠다며 길길이 날뛰었다. 하필 그날따라 지각한 손강호 과장은 몸을 움츠리며 조심스럽게 회의실로 들어왔다. 팀장은 볼펜을 집어던지며 버럭 소리를 질렀다.

"손 과장! 뭐야? 당신 지금, 나랑 해보겠다는 거야? 과장이 저러니까 매일 꼴찌나 하지. 쯧쯧."

강호는 회의실로 들어서다 말고 김교만이 던진 볼펜에 어깨를 맞고는 제자리에 섰다. 강호는 김교만보다 직급은 낮았지만, 나이는 세 살이나 많았다. 소위 말하는 만년 과장이었다. 일순간 정적이 흘렀다.

모두 고개를 푹 숙인 채 잠잠했다. 한참 후 김교만이 진정했는지 천천히 입을 뗐다.

"이번에, 영업 3팀에서 1등한 거 다들 아시죠?"

"……."

"영업 3팀, 매출 신장률 무려 700%! 그리고 우리 영업 1팀, 마이너스 35%! 허 참, 이게 말이 됩니까? 엉? 말이 되냐고!"

흥분한 김교만이 말을 마치기를 기다렸다가 입사 2년차인 정은정이 조심스럽게 물었다.

"저, 팀장님! 소문은 들었습니다만, 3팀에서 그렇게 매출을 올렸다는 게 믿기지 않습니다. 좀 조사해봐야 하지 않을까요?"

"정은정 씨! 의심하지 마세요. 3팀에서 도시 전체의 가로등을 통째로 수주했으니까!"

"네? 그게 사실인가요?"

미래가 깜짝 놀라서 물었다.

"자네들은 사내 방송도 안 듣고 뭐 해? 그리고 신문에도 대문짝만하게 나간 것이 벌써 일주일이 넘었어, 일주일이! 어이구, 아 사람들아! 지금 구미 시가 도시 가로등 전체를 LED 조명으로 교체하는 작업에 우리 스카이조명이 수주했다고 언론에서도 한참 떠들고, 난리도 아닌데 말이야. 도대체 전부 뭣들 하는 거야!"

흥분한 김교만이 책상을 쾅쾅 치며 말했다. 그 기세에 미래는 기어

드는 목소리로 입을 뗐다.

"아, 네…… 죄송합니다. 설마 했는데."

"쯧쯧. 그 수주를 바로 우리 회사, 영업 3팀에서 한 거란 말이야. 당신들은 오늘처럼 이렇게 지각이나 하는데 말이야. 그런데 그 금액이 얼마인 줄은 알고 있어? 수주 금액 말이야!"

김교만이 주위를 사납게 둘러보더니 큰소리로 말했다.

"무려 70억이야, 70억! 계약 단 1건에 말이야. 70억이면 우리 회사 1년 매출액의 거의 20%에 해당하는 큰 금액이란 것을 알고 있어?"

"저, 팀장님, 사실 드릴 말씀은 아닙니다만, 어떻게 단 며칠 만에 이런 대형 수주를 따냈다는 것이 조금 이상합니다. 통상 지자체에 납품은 못 잡아도 1년 정도는 걸리는 지루한 작업 아닌가요?"

미래가 조심스럽게 입을 뗐다.

"홍 대리! 이 친구야! 3팀에서 벌써 8개월 전에 구미시청 앞 보안등을 무료로 교체해줬다는 거야. 무료로 한번 써보라는 거지. 한마디로 시범 케이스로 교체해주고 LED 조명이 기존 형광등이나 백열등보다 얼마나 전력 소비 감소에 도움이 되는지 직접 체크해보라고 말이야! 그리고 전력 소모량이 일곱 배나 감소한 거 직접 확인하고 이번에 계약서에 사인한 것이야. 어이구……."

"아, 네. 그랬군요. 죄송합니다."

홍 대리가 머리를 조아리자 김교만이 미래를 향해 소리쳤다.

LIGHT

"그리고 홍 대리! 자넨 도대체 뭐 하는 사람이야? 우리 회사 직원이긴 해? 만날 일은 안 하고 돈이나 빌리러 다니고 말이야. 여기가 어디 자네 안방이야? 이딴 식으로 일하려면 당장 때려치우라고!"

한참을 더 거품을 물던 김교만은 자신의 목덜미를 두 손으로 감싸더니 회의실 문을 박차고 나갔다. 회의실은 김교만이 나가고 난 이후에도 한참 동안 적막이 흘렀다.

"사실 LED가 열효율이 높은 것은 맞지만 가격이 기존 조명 대비 3배 이상, 많게는 10배 가까이 비싼데 이렇게 쉽게 지자체에서 결정했다는 것이 저는 정말 믿기지가 않네요."

미래는 도저히 이해가 되지 않는다면서 고개를 저으며 말했다. 그러자 오늘 지각으로 크게 홍역을 치른 손강호가 나섰다.

"LED는 말이야, 홍 대리 자네처럼 가격이나 설치 비용으로만 접근하면 영원히 풀 수 없는 문제이고, 또 결코 접근할 수 없는 시장이야. LED! 정말 매력적인 차세대 조명이지. 긴 수명에다가 간편한 유지보수, 그리고 높은 휘도까지. 게다가 LED는 국가가 손을 들어주는 차세대 조명 사업이란 점을 결코 간과하면 안 돼."

강호가 말을 마치기도 전에 정은정이 나섰다.

"손 과장님, 국가가 손을 들어준다고요?"

"그렇지. 바로 에너지 절감 효과가 가장 뛰어난 조명이 바로 LED거든. 비싼 설치 비용은 1년이면 에너지 절감 효과로 본전이 빠진다는 통계가 벌써 나왔고. 그러니 지금 같은 고유가 시대에 정부가 결사적으로 밀지 않겠어? 이건 시대가 강력하게 요구하는 대박 사업이야."

강호가 말을 마치자 잠자코 듣고 있던 차장 오차기가 나섰다.

"손 과장 말이 맞아. 산업자원부가 2015년까지 국내 전체 조명 시장의 30% 이상을 LED로 교체한다는 것이 바로 15/30 보급 프로젝트야. 이미 발동했고, 관련 업계는 벌써 움직이고 있지. 우리 회사에서는 1년 전부터 영업 3팀이 움직이기 시작했던 것이고. 기존 조명으로 매출의 정체가 있던 차, 정부에서 LED 조명을 밀자 영업 3팀도 곧바로 그쪽으로 사업 방향을 잡은 것이지. 우리 팀이 마트에 형광등이나 납품하고 있을 때 말이야."

오차기의 표정은 말하는 내내 어두웠다.

"그렇게 생각하니까, 우리 1팀이 참 한심하다는 생각이 드네요. 이번 분기 매출 올린답시고 고작 한 일이 팀원들 마트 쪽으로 총출동해서 형광등 할인 행사나 했으니 말이죠."

정은정의 따끔한 질책에 모두 입을 다물었다. 영업 1팀의 운명이 마치 사라지는 백열등처럼 침침했다. 특히 LED에 문외한인 미래는 자신에게 다가올 운명을 생각하면서 눈을 질끈 감았다.

오후 2시경, 미래는 손강호가 던져준 서류를 들고 끙끙대고 있었다.

"과장님! 아무래도 이 건은 야근을 해서라도 오늘 중으로 마무리를 지어야 할 것 같은데 말입니다. 제 능력으로는 며칠쯤 걸릴 것 같습니다."

미래의 하소연에 강호는 못 들은 척했다.

반쯤 감은 눈으로 모니터를 바라보고 있던 강호가 마지못해 고개를 들었다. 미래가 말을 이었다.

"이번 T마트에서 요청한 전시용 조명 납품 건은 납품가도 맞지 않는 데다가 납품 기일도 맞지 않습니다. 내일 오후쯤 해서 그쪽 실무자를 방문해야 할 것 같습니다."

그러나 강호는 여전히 얼이 나간 상태였다.

"과장님!"

미래가 소리를 질렀다. 그제야 강호는 미래를 향해 고개를 천천히 들었다.

"아함, 너무 피곤하네. 이봐, 홍 대리! 자네가 알아서 처리하면 안 되겠나?"

물에 젖은 솜처럼 축 늘어져 있는 강호를 보자 미래는 입을 다물었다. 지하 매점에 내려가 피로회복제를 한 병 사다 주었다. 피로회복제를 마신 강호가 겨우 정신을 차렸는지 미래의 소매를 끌고 복도로 나갔다.

"이번 건은 말이야, 홍 대리가 알아서 해주면 안 될까? 알다시피 나는 투잡에다가, 또 너무 늦으면 막차가 끊겨서 말이야."

미래가 어이가 없다는 표정을 짓자 강호는 기지개를 한 번 켜더니 입을 뗐다.

"새로 산 아파트가 말이야. 양도세 없이 팔려면 3년 보유, 2년 거주 요건을 충족시켜야 하거든. 그래서 어쩔 수 없이 이사를 갔는데 출퇴근하기가 영 마땅치 않아."

"몇 시간이나 걸리는데요?"

"두어 시간 조금 더 걸려. 막차도 일찍 끊기고."

미래는 무언가 속에서 끓어오르는 것을 삼키며 말했다.

"저야 괜찮습니다만, 윗분들이 보시기에 안 좋아 보이잖아요. 하루 이틀도 아니고……."

강호가 마뜩찮은 표정으로 미래를 보면서 말했다.

"이 친구야, 나도 잘 알아. 그런데 명퇴 신청한 마당에 나 살 궁리는 좀 해야 하지 않겠나. 그나마 새로운 직업이 지금 여기에서 나오는 수입보다 더 짭짤하니까 자네가 좀 봐줘. 내가 언제 한번 크게 쏠테니까."

"아, 한턱은 됐고요. 근데 새롭게 시작한 일이 뭔데요?"

"아, 그거? 보험! 고객들 자산관리도 해주고 뭐 그런 거지."

"네? 그러면 요즘 한참 유망하다는 FP인가 하는 거 말이에요?"

"응, 회사마다 호칭이 약간씩 다르지만 통상 그렇게 부르곤 하지. 아무튼, 요즘 정말 보람 있는 일을 하는 중이지. 타인의 재정 설계를 대신 해준다는 것이 이렇게 뿌듯할 줄 내 미처 몰랐거든.”

“그래요? 과장님이 그런 것을 다 하신다니, 정말 놀랍네요. 어차피 이렇게 된 거 잘됐습니다.”

“갑자기 무슨 말이냐? 잘되다니?”

“네, 안 그래도 제가 재정 전문가를 한번 만나려던 참이었거든요. 이제 과장님께서 앞으로 저의 재정도 좀 관리해주세요.”

“자네? 자네는, 급여도 압류될 정도로 재정 상태가 엉망이라고 소문이 자자하던데, 어디 보험들 돈은 있는가?”

“허 참, 빚 청산 끝낸 지가 벌써 2개월째예요. 왜 이러세요?”

“그래? 그렇다면, 내가 자네 자산관리는 책임져주지.”

“고맙습니다, 과장님. 그런데 저는 그냥 보험 같은 상품은 싫습니다. 거 있잖아요. 복리!”

“허허, 들은 건 있어서. 아, 이 사람아! 내가 하는 게 다 복리식 상품들이야.”

강호 입에서 복리식 상품만 취급한다는 얘기가 나오자 미래는 눈을 반짝였다. 자기 주변에 복리 투자의 전문가가 있다니! 미래는 얼른 커피 한 잔을 뽑아서는 강호를 벤치로 끌다시피 데려갔다.

“이봐, 홍 대리! 과거에 재테크하면 최고로 꼽는 것이 뭐였지?”

커피를 한 모금 마시고 난 후 강호가 물었다. 미래는 커피를 마시다 말고 당연한 듯 빠르게 대답했다.

"저축 말입니까?"

"그렇지. 거의 저축밖에 없었다고 봐야지. 그렇다면, 현재와 미래의 재테크 수단은 과연 뭘까?"

"글쎄요. 복리? 아니면, 투자?"

"거의 맞췄네. 그렇다면, 현재와 미래의 최대 적은?"

"저금리, 그리고 인플레이션!"

미래의 즉답에 강호는 얼굴 가득 미소를 지으며 말했다.

"홍 대리, 생각보다 똑똑한데 그래. 하하하, 마음에 들어. 그런데 어쩌다가 요렇게 신용불량자가 되어서 동네방네 망신을 당하고 있을까? 이렇게 똑똑한 친구가 말이야."

강호의 농담에 미래는 속상하다는 듯 커피를 단숨에 마셨다.

"참나, 과장님! 저 지금은 신용불량자 아니거든요!"

"하하하, 알았어. 농담이야, 농담. 이봐, 홍 대리! 이제 과거처럼 저축으로 재테크를 하던 시대는 이미 끝났다네. 진즉에 말이야. 자네도 잘 알고 있듯이 지금은 저금리에 고물가 시대라네. 앞으로는 더욱 심화될 것이고. 게다가 평균수명은 자꾸 길어지고 있다네. 심각할 정도로 말이야."

"네, 과장님. 그 문제만큼은 저도 100% 공감합니다. 얼마 전에도 맨해튼 신사라는 아버님 친구 분께서 무척 강조하셨던 말씀이고요."

"맨해튼 신사? 하하하, 호칭이 재미있구먼. 하여튼 자네나 나나 노인이 되는 것은 시간문제일세. 눈 깜짝 사이면 자네나 나나 양로원에서 '에헴'거리고 있을 거야. 앞으로 이 지구는 한 20년만 지나면 거의 노인들 천하가 될 거야. 전체 인구의 40%에 육박한다더구먼. 결국, 현재 우리가 사는 목적을 노후 대비를 위한 준비 기간으로 바꿔야 할 시대가 온 것이지. 젊은 시기, 대부분을 노후 대비를 위해서 준비하는 기간으로 말이야. 자네 혹시 9988234라는 숫자를 들어봤나?"

"네? 9988234? 전화번호도 아니고, 잘 모르겠는데요?"

미래가 고개를 갸웃거리며 말하자 강호는 껄껄 웃으며 말했다.

"하하하, 하기야 젊은 친구가 이런 숫자를 어디서 들어봤겠어. 당연히 모르겠지."

"젊은 사람은 모르는 숫자라고요?"

"응, 우리 어머님이 양로원에서 며칠 전에 들은 얘기야. 한 노인이 마이크를 잡더니 그러더래. 99살까지 88하게 살다가, 2, 3일 아프고 죽는 게 소원이라고 말이지. 그게 9988234래. 조만간 99세까지 사는 시대가 올 것이고, 자연히 인생에서 노후가 차지하는 기간은 거의 40%가 넘는 시대가 온 것이지. 기초 생활비에 여유 생활을 위한 추가 생활비, 거기에다가 긴 수명 탓에 과도한 의료비까지……."

미래는 9988234라는 숫자가 재미있어 메모했다. 메모를 마치자 강호가 말을 계속했다.

"자네, 혹시 노령화지수란 것이 뭔지 아나?"

"글쎄요. 노인 인구 비율 같은 거겠죠?"

"맞아. 막 태어난 아기부터 14세까지 어린이 숫자와, 65세 이상 노인 숫자를 비교한 지수를 말하지. 자네, 우리나라 노령화지수가 얼마인 줄 아는가?"

"글쎄요. 한 30%? 잘 모르겠어요."

"지금 대략 58% 정도 된다네. 2015년 되면 100%로 껑충 뛴다고 통계청에서 발표도 했었고."

"음, 놀랍네요. 100%란 수치는 14세 미만 어린이 숫자와 65세 이상 노인 숫자가 똑같다는 그런 얘기잖아요?"

"그렇지, 정말 엄청난 숫자지. 그런데 말이야, 2030년에는 그 수치가 무려 215%로 급증한다는 거야. 2030년 해봐야 자네가 막 노인이 되는 시점이니 그리 민 미래도 아니시. 자네, 믿기는가? 전체 애들 숫자의 두 배나 되는 노인이 온 지구에 우글우글하다는 사실이 말일세. 정말 노인 천하가 오는 것이지. 어휴 그때 되면 정말 뭘 먹고살아야 할지……."

강호의 넋두리가 끝없이 이어지자 미래가 중간에 말을 잘랐다.

"과장님! 이제 그만 하시죠. 제가 노후가 심히 걱정되니까 지금 이렇게 과장님을 붙잡고 늘어지고 있거든요. 노후 대비의 필요성에 대해선 그 정도만 하세요, 충분히 공감하고 있으니까."

미래가 불쑥 말을 끊자 강호가 미래를 빤히 보더니 퉁명하게 말을 뱉었다.

"알았어, 이 친구야. 이 친구 성미하고는. 자네가 과연 노후에 대해서 진심으로 깊게 생각했을 것 같지는 않네만, 뭐 어쨌든 그만 하라니까 그만 하지. 자 그러면 본론으로 들어가서……. 자네 아까 여유 자금이 있다고 말했던 것 같은데, 대체 한 달에 얼마나 여유가 있는가?"

강호가 미래 앞으로 바짝 다가앉자 미래는 잠시 생각했다. 자신의 월 급여는 설희가 알아서 관리할 것이고, 자신이 믿는 것은 설희한테 비밀로 한 1,500만 원의 비자금이었다. 이 정도 금액이면 급여 인상될 때까지 한 1년간은 끊기지 않고 충분히 부을 수 있을 거 같았다.

"글쎄요, 한 70~80만 원?"

"뭐? 한 달에?"

"네, 한 달에 최소 70, 80만 원 정도는 여유 자금이 있습니다."

"음, 생각보다 여유가 많구먼. 그러면 자네는 어떤 목적으로 투자하기를 원하나. 단기 목돈 마련이야? 아니면 노후 대비야?"

"당연히 노후 대비죠. 노후에 목돈이 될 만한 것으로 찾아주세요. 투자 대상이야 제가 잘 모르니까 과장님께서 알아서 찾아 주시고요. 그냥 복리 효과를 최대한 볼 수 있는 것으로 말이에요."

"복리라……. 하하하, 요즘 복리가 대세긴 하지. 그럼, 일단 내가 복리 관련 상품들을 쭉 얘기해볼 테니까 선택은 자네가 하라고.”

강호는 말을 마치더니 양복 안주머니에서 초록색 수첩을 꺼냈다. 수첩을 한참 동안 뒤지더니 미래 앞에다가 깨알처럼 써진 페이지를 펼치며 자세를 고쳐 앉았다.

“자, 여기를 한번 보게. 내가 평소에 보험을 상품별로 분류해놓은 표가 바로 이거야. 이게 내 밥줄이기도 하지.”

강호가 펼친 페이지를 보려고 머리를 숙였던 미래는 고개를 들며 말했다.

“어휴, 뭐가 뭔지 전혀 모르겠네요. 이 계산표 하며……..”

미래가 머리를 흔들며 몸을 뒤로 쭉 빼자 강호는 수첩을 바싹 들이밀며 말했다.

“아니, 계산은 내가 하는 것이고 자넨 여기 상품별 특징, 이것만 보면 돼. 여기서 선택하는 거니까. 이 계산표는 보지 말고.”

“어휴, 여기 이 상품별 특징만 해도 뭐가 뭔지 모르겠네요. 너무 복잡해요. 그냥 과장님께서 간단히 설명을 해주세요. 그다음에 제가 이 수첩을 보면서 선택하든가 하죠, 뭐.”

“응, 그럴래? 알았어. 그럼 일단 쉽게 설명을 해주지. 먼저, 자네가 원하는 복리 상품, 그러니까 먼 미래의 목돈이 될 만한 장기 상품은 일단 은행권에선 찾기가 어렵다고 보면 돼. 물론 보험 상품을 은행에서 파는 방카슈랑스가 있기는 하지만 말이야.”

“안 그래도 평소에 그렇게 생각했어요.”

“은행의 목적이 돈을 불리는 목적에 있기보다는 돈의 유통에 있기 때문에 장기 상품만 비교했을 땐, 보험사나 증권사보다 열세인 것은 사실이지. 자, 그러면 결국 자네가 원하는 목돈 마련은 보험사와 증권사에서 만든 상품을 찾아봐야 하겠지. 자 어디 볼까⋯⋯.”

강호가 빈 메모지를 꺼내고 볼펜을 집어 들었다. 미래는 귀를 쫑긋하며 강호를 바라봤다. 강호는 천천히 메모를 해가며 설명을 시작했다.

“일단, 보험 상품은 대부분 장기성이기에 복리 상품이란 것을 먼저 알아두게. 보험 상품에는 대표적인 것이 개인연금저축, 연금보험, 그리고 요즘 각광 받는 변액연금, 변액유니버설종신, 이렇게 대략 네 개 정도의 상품이 있다네. 이 상품의 큰 특징을 보면⋯⋯.”

“잠깐만요!”

미래는 갑자기 강호의 말을 끊더니 메모지를 뺏었다. 이어서 메모할 준비를 마치더니 말했다.

“과장님, 제가 메모하는 것이 더 좋을 거 같아서요. 괜찮죠?”

“어, 그렇게 하라고. 자, 다시 시작할까?”

“네. 준비 됐습니다.”

“음, 일단 보험은 크게 금리 연동 상품과 투자 상품으로 나누어지게 된다네. 쉽게 얘기하면 안정적인 공시이율 금리를 주면서 오랫동안 복리로 불려 주는 것이 있고, 주식이나 채권 같은 펀드에 투자해서 수익을 극대화하는 투자형 복리식 상품이 있지. 이해가 되는가?”

“네, 그런데 통상 보험하면 대부분 보장성을 말하지 않나요?”

“자동차보험이나 재해보험, 혹은 암보험 같은 그런 보험 말인가?”

“얼마 전에 아버지한테 듣긴 했지만, 통상 제가 아는 보험들 대부분이 그런 것이어서요.”

“물론, 그런 보험들이 많지. 그런데 지금 내가 말하는 상품은 복리 상품 위주라서 보장성보다는 저축성에 가까운 상품들이지. 보장성이 강한 보험들은 납입 원금에 리스크가 커, 자네처럼 목돈을 만들고자 하는 사람한테는 거의 맞지 않는다고 보면 되네.”

“그러면 조금 전에 말씀하신 보험들은 보장성이 없나요?”

“아냐, 보험 이름 들어간 것은 모두 보장성이 조금씩은 다 있어. 예를 들면 사망 시의 리스크에 대한 것은 거의 적용을 받지. 암보험이나 기타 재해 같은 것은 따로 특약으로 넣으면 되고. 그런데 목돈 마련을 목적으로 한 보험에는 특약을 많이 하면 오히려 수익률에는 크게 불리하니까 참조하라고.”

“네, 알겠습니다.”

“다시 처음으로 돌아가서, 현재 연동 금리 5~6% 정도가 적용되는 대표적인 복리 상품에는 개인연금저축과 연금보험이 있다네. 혹시

이 둘의 차이를 알겠나?”

　메모 중인 미래를 향해 강호가 느닷없이 물었다. 미래는 고개를 숙인 채 모른다며 고개를 흔들었다.

　“음, 당연히 모르겠지. 이 둘의 가장 큰 차이는 뭐냐 하면, 개인연금저축은 말 그대로 저축 기능과 함께 연말에 소득공제가 된다는 것이야. 연 300만 원까지 소득공제를 해주기 때문에 직장인들이나 사업주에게는 매우 유리한 상품이지.”

　“과장님! 그 얘기는, 직장이 없는 주부들은 소득공제 혜택이 없는 개인연금저축이 상대적으로 불리하다는 그런 말씀인가요?”

　“이 친구 똑똑하네. 그래서 주부들은 개인연금저축보다 연금보험을 가입하는 것이 더 유리하고, 반면에 고소득 샐러리맨들이나 자영업자들은 소득공제를 많이 받기 위해서 개인연금저축이 더 유리하지. 물론 변액 상품이 요즘 조금 더 인기는 있지만 말이야.”

　“그러면 연금보험은 어떤 특징이 있나요?”

　“응, 연금보험은 복리 보험 상품의 거의 대표 주자라고 보면 돼.”

　“대표 주자요? 요즘 대표 주자는 변액유니버설이 아닌가요?”

　“응, 내가 말하는 대표 주자란 복리 상품에서 그렇다는 것이지.”

　“아니, 그러면 변액유니버설은 복리 상품이 아닌가요?”

　“정확히 말하면 복리 상품은 아니지. 복리가 적용되려면 일정 금리가 복리 개념으로 불어야 하는데 변액유니버설은 투자 상품이기 때문에 수익이 불규칙적일 수 있다는 것이지. 다만, 반복해서 장기적으로 투자하는 만큼 복리식 개념으로 볼 수 있다는 것이지."

"아하, 알겠습니다. 복리 구조는 거의 같은 맥락으로 이루어졌다고 보면 되겠네요?"

"그렇지. 특별히 구분할 필요는 없어. 아무튼, 연금보험은 복리 상품의 대표 주자로서 10년 이상 납입하면 이자 소득세인 15.4%가 완전 면제가 된다네. 장기 상품으로서 필수 조건이 이자 소득에 대한 비과세인데 바로 연금보험이 이의 적용을 받게 되지."

"아, 네. 비과세 조건이 복리 상품의 최고 조건이라고 봐야겠네요."

"그렇다고 볼 수 있지. 장기 투자의 백미지. 이 비과세 적용이 말이야."

"그러면 비과세 적용되는 대표적인 상품에는 어떤 것이 있나요?"

"조금 전에 말한 연금보험, 그리고 변액연금, 변액유니버설종신, 이 세 가지가 가장 대표적인 비과세 상품들이야."

"비과세 다음으로 중요한 것이 뭔가요? 원금 보장인가요? 투자 수익인가요?"

"글쎄, 가장 어려운 질문이네. 원금 보장은 불안한 금융시장에 가장 중요한 안전판이고, 투자 수익은 저금리 고물가 시대에 돈의 가치 하락을 막기 위해서 절대 간과할 수 없으니 말이야. 이런 문제는 결국 가입자 개인이 판단할 문제인 거 같아."

"네, 알겠습니다. 그런데 과장님, 앞에 말씀하신 네 가지 복리 상품 중에서 원금 보장이 안 되는 상품도 있나요?"

"변액유니버설종신이 그렇지. 이 상품은 보장성 상품에다가 투자성 상품이기 때문이지. 물론 장기 투자 상품인 만큼 원금 밑으로 떨어질 가능성은 거의 없다고 보면 될 거야. 비록 원금 보장은 힘들지만 보장성에다가 수익성을 겸비한 상품으로는 이것이 또 최고로 꼽히고 있지."

"아, 네. 잠깐만 기다리고 계세요. 과장님을 위해서 제가 시원한 음료수 하나 쏘겠습니다."

미래는 말을 마치고 쏜살같이 자판기로 달려갔다. 잠시 두 사람은 음료수를 마시면서 휴식을 취했다. 어느덧 시간은 오후 4시를 넘겼다.

"참, 조금 전에 사무실에서 나보고 서류 작업 안 도와준다고 투덜거렸던 거 같은데 이제 들어가서 일해야 하지 않겠어?"

강호가 짐짓 딴청을 피우며 일어서려 하자 미래가 강호의 팔을 잡아당기며 말했다.

"에이, 손 과장님 왜 이러세요. 제가 다 알아서 할 테니까 걱정 마세요. 오늘 야근을 해서라도 제가 완벽하게 마무리시킬 테니까 걱정 붙들어 매세요."

미래가 큰소리를 치자 강호는 씩 웃으면서 벤치에 다시 앉았다.

"진즉에 그럴 것이지. 음, 우리 어디까지 했었지?"

"금리 연동 상품인 개인연금저축과 연금보험에 대해서요. 이제 투자 상품인 변액 상품에 대해서 할 차례입니다. 제가 제일 궁금해하는 것이기도 하고요."

"그래? 음, 하나 물어볼게. 지금까지 얘기한 금리 연동 상품의 가장 큰 문제는 뭔가?"

"네, 고정 금리에 연동해서 이자가 붙기 때문에 수익률이 기대치만큼 높지 않을 것 같습니다. 단지 기간이 기니까 이자가 불기는 하겠지만, 물가라도 올라가면 수익률은 매우 저조할 것 같아요."

"잘 봤어. 금리 연동 상품이니까 금리가 높아야 복리 효과가 크게 발휘되겠지? 그런데 지금은 저금리 시대라서 이 상품에 문제가 생긴 것이지. 반면에 물가는 또 얼마나 가파른가. 시대가 바뀌면서 인기가 시들해진 것이 바로 개인연금저축과 연금보험이라네."

"네, 그래서 요즘 인기 있는 것이 변액 상품들이군요?"

"그렇지, 이들 변액 상품은 바로 펀드 투자 상품이거든. 더 이상 금리에서 바랄 것이 없으니까 주식이나 채권 등에 투자해서 수익을 극대화하자는 취지에서 새로 탄생시킨 상품이지."

"적립식 펀드의 대항마라고 봐야겠네요."

"잘 봤네. 증권사의 적립식 펀드가 2000년 이후 증시 활황을 틈타 초대박을 터트리자 보험업계에서 고육지책으로 만든 상품들이 바로 이 변액 상품들이지. 이 상품들은 펀드의 장점에다가 보장성 보험의 장점을 적절히 믹스를 해서 탄생시킨 것이지. 아무튼, 보험업계가 이 변액 상품들 덕분에 요즘 먹고산다고 봐도 과언이 아니라네.”

“네, 저도 변액연금이니 변액유니버설종신이니 그 차이는 모르지만 이름만큼은 언론을 통해 워낙 많이 들어서 아주 귀에 박혔다니까요.”

“허허허, 그럴 거야. 이거 안 들어 봤음, 거의 간첩이라 봐야겠지.”

“그런데 이 상품은 언제부터 시작되었나요?”

“응, 변액 상품들은 2000년부터 판매가 시작되었다네. 유니버설 기능은 2003년부터 시작되었고. 일본은 우리보다 1년 이른 2002년부터 유니버설이 판매되었다네. 그런데 일본에서 변액연금 시장은 2007년 기준, 무려 130조 원 시장으로 커졌어. 우리나라 시장의 15배에 달할 정도로 엄청난 규모로 성장했지. 물론 단기간에 시장 규모가 커지다 보니 현재 여러 가지 잡음에 시달리기는 하지만 말이야. 어쨌든 세계 최장수 국가인 일본에서 이렇듯 변액연금 시장이 폭발적인 신장세를 보인 것은 분명히 우리한테도 시사하는 바가 크다고 봐야 할 거야.”

“하기야 일본은 정기예금 금리가 1%도 안 된다고 하니 노후 대비를 위해서 변액연금 시장이 확대되는 것은 어쩌면 당연하다 생각되네요. 참, 과장님! 이 두 가지 상품간의 차이는 뭔가요?”

“앞서 말한 금리 연동 상품과의 차이는 알겠지?”

"네, 개인연금저축과 연금보험은 금리를 기준으로 수익이 붙고, 변액연금이나 변액유니버설종신은 주식펀드나 채권펀드 등에 투자한 수익에 따라 이자가 붙는다는 것이죠."

"그렇지. 기억력이 좋구면. 자, 이제 변액연금과 변액유니버설종신의 차이를 알아볼까? 이번엔 자네가 한번 맞혀보게나."

"글쎄요, 일단 변액유니버설종신이 더 좋다는 것 정도?"

"예끼, 이 사람아! 허허허. 인기가 좀 더 있다고 더 좋은 것이란 논리는 잘못된 거네. 각기 가입자의 목적에 따라, 혹은 개인 재정 상태에 따라 필요한 상품은 달라지는 것이니까 말이야."

"헤헤헤, 제가 잘 몰라서 그냥 그렇게 말한 겁니다. 변액유니버설종신이 조금 더 인기가 있기는 한 모양이죠?"

"응, 큰 차이는 아니지만 현재로는 그렇다네. 일단 두 상품 모두 주식투자 상품이니까 목적을 어디에 두었느냐에 따라 선택을 달리할 수 있다네. 변액연금은 수익성 위주로 노후 준비에 제격이고, 변액유니버설종신은 리스크 관리로 보장자산과 함께 저축의 의미가 있다네."

"보장자산이오? 그렇다면 제가 갑자기 암이나 걸려서 사망했을 때 보장이 된다는 말씀이신가요?"

"그렇다네. 변액유니버설종신은 자네가 얼마나 납입했든지, 그 횟수에 상관없이 사망보험금을 일시불로 지급받을 수 있지."

"그래요? 사망보험금도 받을 수 있고, 장기로 납입하면 복리식으로 수익이 불어난다는 말씀이시죠?"

"그렇지. 다만, 보장성을 위해 사업비 지출이 커서 순수 복리식 개념은 변액 연금에 비해서 조금 떨어진다고 봐야겠지. 아무튼 변액유니버설종신은 집안의 가장이 한창 일할 시기에 그 어떤 리스크도 발생해서는 안 되기 때문에 리스크 헤지를 우선으로 한 투자형 상품이라고 보면 되지. 반면에 변액연금은 안정적으로 노후 준비를 위해 연금 개시 시점에서 원금 보장이 된다는 강점이 있지."

"투자형 상품인데 원금 보장이 된다고요?"

"응, 다만 연금 개시 시점에 원금 보장이 되지."

"원금 보장은 변액연금의 큰 강점으로 볼 수 있겠네요. 과장님, 변액연금이 변액유니버설과 비교해 좋은 점은 이것 외에 또 있나요?"

"응, 종신연금을 받을 때 큰 차이가 하나 있어. 변액유니버설종신이 종신연금 수령시점에 경험생명표 적용을 수령시점을 적용하는 반면에, 변액연금은 가입시점의 경험생명표를 적용받는 것이지."

"아, 가입시점을 적용하니까 더 유리하게 받는다는 것이죠?"

"응, 그렇지. 그 외에 10년 이상 납입 시 비과세라던가 중도에 펀드 변경이 가능하다든가 하는 것은 서로 같다네."

"네, 그러면 변액유니버설종신의 장점은 뭔가요?"

"아무래도 조기 사망의 위험에 대비하면서도 투자 상품으로서 복리 수익이 가능하다는 것이 가장 큰 장점이지. 쉽게 얘기해서 사망

시 처음 계약한 사망보험금에다가 펀드 수익금을 추가로 지급해준다는 점이 가장 큰 장점으로 볼 수 있겠지. 게다가 유니버설의 의미대로 자유로운 입, 출입 기능이 가능하다는 것도 장점으로 볼 수 있을 것이고. 물론 납입금을 중도에 인출해서 필요할 때 사용할 수도 있고, 목돈을 중간에 추가로 납입할 수도 있지.”

“와, 최고네요!”

강호는 목이 타는지 남은 음료수를 비우고 담배를 한 대 물었다. 미래는 메모지에 볼펜을 가져가며 다시 물었다.

“과장님, 적립식 펀드와 변액유니버설종신의 가장 큰 차이점은 뭔가요?”

“적립시 펀드야 증권사에서 만든 상품이고, 변액유니버설종신이야 보험사 상품이지. 허허허.”

“에이, 과장님! 그거 말고요.”

“하하하, 알았어. 음, 가장 큰 차이는 세금에 있지. 일단 적립식 펀드는 채권 수익 그리고 배당 소득이나 이자 소득 등에 과세가 되는 반면에 변액유니버설종신은 비과세가 가능하다는 점이지. 참, 아까 변액유니버설종신은 몇 년간 유지해야 비과세 된다고 했지?”

“10년요.”

“역시 똑똑해. 맞았네. 10년만 유지하면 변액 상품들은 수익에 대해서 세금이 없는 것이지. 비과세 제도는 장기 상품의 최대 강점이란 것을 꼭 기억해야 하네. 변액 상품은 바로 이 비과세의 혜택을 받고 있고. 반면에 적립식 펀드는 주식 배당 수익에 대해서 15.4%의 이자 소득세가 계속해서 붙는다네. 아무튼, 적립식 펀드는 10년 이상 장기로 부어도 배당 소득세나 이자 소득세는 꾸준하게 나간다는 점은 분명, 큰 약점이야."

"네, 이자 소득세는 분명히 중요한 차이네요. 또 있나요?"

"적립식 펀드에 비해 변액유니버설종신의 또 하나 장점은, 적립식 펀드의 대부분이 중간에 펀드 변경이 안 되지만 변액유니버설종신은 채권형이나 혼합형 등으로 옮길 수 있다는 것이지. 나름대로 상승장 하락장에 리스크 예방은 물론 고수익을 추구할 수 있는 장치는 확보한 셈이지."

"상승장 하락장을 거꾸로 타면 오히려 손해가 될 수도 있겠네요?"

"물론 그런 이동이 결과적으로 나쁜 결과로 이어질 가능성도 있지. 그렇지만 이런 펀드 이동이 가능한 점은 리스크 방어를 위해서는 확실히 필요한 장치인 것만은 분명해."

"알겠습니다. 아무튼 변액유니버설종신이 저한테는 맞을 거 같네요. 특히 보장성 기능이 있으면서 복리 수익이 가능하다는 점이 맘에 들어요. 일단, 저는 적립식 펀드보다는 변액유니버설종신으로 들어야겠어요. 따져 보니 장점이 훨씬 많네요. 뭐."

“하하하, 꼭 그렇게 보면 안 되지. 적립식 펀드가 보험 상품보다 가장 큰 장점이 남아 있으니까.”

“가장 큰 장점이라고요?”

“응, 적립식 펀드의 가장 큰 장점은 판매 운용 수수료 외에 별도의 사업비가 매우 적다는 것이야. 보험 상품들에 비해 비용이 가장 적게 들어가는 것이 바로 적립식 펀드지.”

“네? 사업비요? 그런 것이 있었어요?”

“응, 대부분의 보험이 위험 보험료 및 설계사 수당, 운영 경비 등이 붙게 되는데 이것을 사업 초기 7년 이내에 떼기 때문에 초기에 수익률이 낮은 편이야. 특히, 단기간에 해약 시에 해약환급금이 매우 적다는 큰 단점이 있어.”

“결론적으로 적립식 펀드는 단기 투자자들한테 유리하고, 변액유니버설은 장기 투자자에게 유리한 것이네요.”

“맞네, 이 점이 두 상품의 가장 중요한 차이지. 변액 상품은 10년 이후에는 15.4%에 관한 이자 소득세가 없으니까 결국 장기로 끌고 갈 수 있으면 변액유니버설이 다소 유리하다고 볼 수 있지.”

“네, 과장님. 잘 알겠습니다. 지금까지 과장님이 말씀하신 내용을 한번 정리해 봤습니다. 몇 가지 부족한 것은 과장님 수첩을 참조해서 정리했습니다. 자, 한번 봐주시죠.”

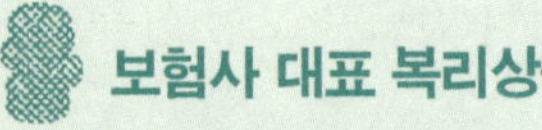

보험사 대표 복리상품

1 금리 연동 상품(안정적이나, 저금리 고물가 시대에 수익률 감소)

개인연금저축: 안정성과 세제 혜택

- 연 300만 원까지 소득공제 혜택(월 급여자, 자영업자에게 유리)
- 중도해지 시 소득공제분 모두 환수
- 연금수령 시 5.5% 원천징수
- 원금 보장(예금자보호 적용)됨
- 보험사, 은행, 증권사 등에서 가입 가능

연금보험: 복리 보험 상품의 대표 주자(안정적인 노후 준비 선호자에 적합)

- 소득공제 기능 없음
- 10년 이상 납입 시 15.4% 소득세에 대한 비과세 혜택
- 수익률 5.1~5.8% 측정(물가 감안 실질 금리 1~2% 수준)
- 최저 보증 이율 있음
- 원금 보장(예금자보호 적용)됨
- 종신형, 정액형, 상속형 등 연금개시 형태 정할 수 있음

2 펀드투자 상품(고수익 고위험 상품, 보장 기능에 펀드의 투자 기능 결합. 물가 상승분에 대한 수익률을 보존하기 위해 탄생한 상품)

변액연금보험: 10년 이상 유지 시 연금 시점부터 원금 보장됨
(투자 상품 중 유일하게 원금 보장됨, 안정성과 수익성 겸비)

- 10년 이상 납입 시 비과세
- 주식과 채권에 각각 50% 정도 분산투자하는 상품
- 종신연금 받을 시 경험생명표 적용을 가입시점 적용받기 때문에 변액유니버설종신을 연금 전환했을 때보다 유리
- 사망보장, 암보험 등의 특약 비중 높으면 투자 수익률이 낮아짐

변액유니버설종신: 리스크 중심의 보장 기능에 장기 저축 기능

- 사망 시 사망보험금 일시불로 지급됨
- 10년 이상 납입 시 비과세
- 주식 편입 비중 최대 90% 정도로 고위험 고수익 구조
- 적립식 펀드와 달리 중도에 펀드 변경 가능
- 초기 사업비 지출 과다(2년 이후 추가 납입 기능 활용하는 것이 유리)
- 종신연금 받을 시 경험생명표 적용을 수령시점을 적용해서 변액연금에 비해 다소 불리
- 사망보장, 암보장 등의 특약 비중 높으면 투자 수익률 저조해짐
- 2년간 납입하면 납입 일시 중지가 가능함

강호는 미래가 작성한 비교표를 보더니 놀랍다는 표정을 지으며 말했다.

"오, 홍 대리! 역시 엘리트 사원이야. 확실히 엘리트 사원은 뭐가 틀려도 틀려. 비록 한때 잠시 신용불량자로 전락했었지만 말이야. 내가 1년 깨우쳐서 배운 것을 불과 몇 시간 만에 이렇게 간단히 깨우치다니. 정말 대단해!"

"에이, 과장님도 너무 놀리지 마세요."

"이 사람, 놀리긴. 자, '보험사 대표 상품'은 어느 정도 훑어본 것 같고, 이제 '증권사 대표 상품'만 남았군. 이것만 배우면 자네한테 딱 맞는 상품을 선택할 수 있게 되겠지. 자 시작해볼까?"

"네, 과장님! 준비됐습니다."

"먼저, 증권사 대표 상품으로는 음, 좀 전에 말한 적립식 펀드 그리고 연금 펀드가 있다네."

"연금 펀드요? 저는 이것도 보험사 상품인 줄 알았네요."

"연금이란 용어가 붙어서?"

"네. 헤헤헤."

"대신, 뒤에는 펀드라고 붙었지 않는가. 펀드는 증권사나 자산운용사 외에는 붙일 수 없는 용어지."

"아 네, 그렇고 보니 그렇군요. 앞으로 절대 혼동할 염려는 없겠어요. 그런데 연금 펀드는 연금보험과 어떤 차이가 있나요?"

"응 가장 큰 차이는, 연금보험은 보험사 상품이고, 연금 펀드는 증권사 상품이란 것이지. 하하하."

"아, 과장님! 그만 놀리시고요. 조금 있으면 퇴근 시간 다 되어 간다니까요."

"하하하, 미안, 미안. 일단, 연금 펀드는 연금저축처럼 소득공제 혜택이 있어. 소득공제 혜택이 있으니까 당연히 오래 부었다고 해서 비과세 적용되지는 않고."

"그러면, 이 연금 펀드는 증권사에서 소득공제를 원하는 고소득 직장인들을 위해 만들었다고 보면 되겠네요?"

"그렇지, 나름대로 연금저축에 대한 대항마라 볼 수 있을 거야. 거기다가 펀드 투자에 따른 고수익을 추구하는 투자 상품이기도 하고.

그 두 가지를 모두 만족시키려고 탄생한 상품이지. 반면에 연금 보험에 있는 평생 연금 기능은 없어. 결국, 주가 상승기에 수익률은 높지만 종신 환급형이 없다는 것은 단점이기도 하지.”

“연금 기능보다는 펀드 기능이 더욱 강조되는 상품이네요. 또 다른 장점은 뭐가 있나요?”

“연금 펀드는 같은 증권사 상품인 적립식 펀드에 비해 큰 장점이 있어. 바로 주식 변동에 따라 펀드 변경이 가능한 점이지. 적립식 펀드는 몇 개 상품 빼고는 대부분 중도에 펀드 변경이 안 되는 것은 알고 있지?”

“네, 알고 있습니다.”

“추측이지만, 이건 보험사의 변액 상품에서 그 장점을 따온 것이 아닌가 싶어. 아무튼, 연금 펀드는 엄연히 투자 상품이라는 점을 명심하라고. 젊은 시절 주식형 혼합형으로 운용하다가 연금 수령시기에 안정성을 고려해서 채권형으로 운용하는, 그런 변액 보험과 같은 전략도 가능하다는 것을 꼭 기억하게.”

“네, 잘 알겠습니다. 적립식 펀드는 아까 과장님이 어느 정도 말씀해주셔서 잘 알겠고요. 원금 보장 안 되고, 펀드 변경 힘들고, 소득공제 혜택 없고, 다만 사업비가 거의 없기 때문에 5년 미만의 중, 단기 투자에서 강점을 가진 상품이라고 말씀하셨죠. 과장님, 맞나요?”

“훌륭해, 아주 훌륭해. 그럼 마지막으로 CMA만 알려주고 결정을 하도록 하지."

강호는 목이 타는지 잠시 입맛을 다셨다. 미래는 메모지 위에다가 볼펜을 내려놓으며 물었다.

"CMA는 지금까지 거론한 상품들과 성격이 전혀 다르지 않나요?"

"응, 많이 다르지. 저축이나 연금처럼 장기 목돈 마련과는 개념이 전혀 다르지. 다만, 최근에 워낙 각광 받는 상품이고 단기 상품으로는 장점이 무척 많아서 반드시 알아두라는 것이야."

"네, 근데 CMA는 제 급여가 이쪽으로 들어오고 있어서 저도 어느 정도는 알고 있습니다."

"그래? 다행이네. 대부분의 사람은 단기 입출금 통장은 거의 이자를 무시하지. 아예 기대를 하지 않는 편이야. 그래서 급여는 잠시 머무는 정도로 생각하고 수시 입출금 통장, 즉 보통예금에 그냥 넣어두지. 그런데 이 CMA는 단 하루를 맡겨도 5% 정도의 확정 이자를 주니까 반드시 통장을 바꿀 필요가 있지. 가랑비에 옷 젖는다고 이런 작은 이자들이 모여서 종자돈 마련에 큰 도움이 되니까 말이야."

"네, 맞습니다. 평소에 하도 와이프가 우겨서 일찌감치 CMA로 바꾸었습니다. 막상 계좌를 CMA로 바꾸고 나니까 월 급여만으로도 1~2만 원의 푼돈이 거저 생기더라고요. 그런데 주위에 보면 몇 천만 원씩 그냥 보통예금에 넣어두는 사람들이 얼마나 많아요. 이런 돈들이 모두 손안의 눈처럼 녹는 것이죠. 이것만 잘 뭉쳐도 월 기름 값은 충분히 나오는데 말이에요.”

“기름 값이라…… 그렇게 말하니 무척 커 보이긴 하네. 자네, CMA에 현금카드 기능과 체크카드 기능이 있다는 것은 혹시 알고 있나?”

“그럼요. 현금카드 기능은 지금도 잘 이용하고 있죠. 다만, 체크카드는 소비 심리를 부추기는 측면에서 신용카드와 같다고 보기 때문에 아직 만들진 않았어요. 아무튼, 기존 일반 예금의 편리성은 그대로 유지되면서 확정이자 4.5~5.6%를 주는 상품은 아마 이 CMA가 최고일 것으로 생각합니다.”

“허허허, 홍 대리가 뜻밖에 작은 푼돈을 아낀다는 사실이 도저히 믿기지가 않아.”

“헤헤헤, 왜 이러세요. 제가 최근에 혹독하게 배운 것이 바로 ‘손안의 눈은 즉시 뭉쳐라.’ 바로 이건데요.”

“손안의 눈은 뭉쳐라?”

“네, 푼돈은 즉시 뭉치지 않으면 눈처럼 녹아서 몽땅 사라진다는 그런 말인데, 우리 할아버지의 소중한 유산이기도 합니다.”

“오, 그래? 정말 훌륭한 유산이구먼. 나도 오랫동안 기억하도록 하지. 자, 이제 ‘증권사 대표 상품’도 거의 정리가 끝난 것 같은데, 그럼 지금까지 메모한 것을 한번 볼까?”

연금 펀드

- 연 300만 원까지 소득공제 혜택 있음(소득 높은 샐러리맨, 자영업자에게 유리)
- 연금 수령 시 5.5% 원천징수(개인연금저축과 소득공제 부분은 유사, 차이는 개인연금저축은 평생 연금 가능하나 연금 펀드는 수익률이 높은 반면에 종신 환급형이 없음)
- 주식 변동에 따라 펀드 변경 가능
- 증시 하락 시에는 혼합형, 채권형 변경 가능
- 고수익 샐러리맨이면서 고수익을 추구할 때 가장 적격인 상품

*** 연금보험이나 개인연금저축과 달리 투자 상품임
젊은 시절 주식형, 혼합형으로 운용하다가 연금 수령시기에 안정성을 고려하여 채권형으로 운용하면 다소 유리

적립식 펀드

- 투자 상품이라 원금 손실 발생 가능
- 가장 적극적인 투자 상품으로 고수익, 고위험 상품
- 일시에 투자하는 것이 아니어서 거치식보다 위험 분산 효과
- 보험사의 변액 상품처럼 채권형, 주식형 등의 펀드 변경 어려움
- 보험사의 복리 상품들과 달리 종신 연금 기능이 없음
- 소득공제나 비과세 혜택이 없음
- 보험사의 상품들과 달리 초기 사업비가 없음(단기 투자 시 상대적으로 유리)
- 펀드 내 채권과 주식 배당 수익에 대해 15.4% 이자 소득세 부과
- 변액 상품과 달리 중도 인출 기능이 없음

CMA

- 은행의 입출금통장처럼 자유롭게 이용하면서 연 5%대 이자를 주는 상품
- 단 하루만 맡겨도 연 4.5~5.6%까지 이자를 주는 초단기 최고의 상품
- 자동납부, 급여 이체, 인터넷뱅킹 등 금융거래 가능
- 현금카드 기능은 물론 체크카드 기능까지 제공
- 월 급여 통장, 단기 목적 자금 등은 CMA를 적극 권장함

두 사람이 대화를 마치고 거의 동시에 시계를 봤다. 오후 6시 반. 퇴근시간을 훌쩍 넘긴 뒤였다. 두 사람은 업무를 서둘러 끝내고 건물 지하에 있는 식당에 마주했다. 간단한 안줏거리에 소주를 한 병 시킨 미래는 강호의 잔에다 소주를 가득 따르고는 자신도 한 잔 따랐다. 둘은 안주도 없이 한 잔씩 들이켰다. 빈 잔에 술을 따르던 미래가 강호를 보며 말했다.

"과장님이 보시기에 저한테 딱 어울리는 상품은 뭐가 있을까요?"

강호는 미래를 물끄러미 보다가 술잔을 한 잔 털어 넣었다.

"글쎄, 자네는 생각보다 고집이 강해서 내 말을 안 들을 거 같은데?"

"하하하, 과장님 잘 보셨습니다. 솔직히 좀 그런 면이 있죠. 사실 최근에 할아버지의 유산을 받았고, 또 아버님 친구 분들의 가르침을 받았기 때문에 이미 결심한 것이 있습니다."

"어떤?"

"네, 장기로 푹 묻어두면서 노후 대비도 노리고 사망시 보장도 받을 수 있는 것으로요."

"그래서, 어떤 것이냐고."

"네, 변액유니버설종신으로 결정했습니다."

"그리곤?"

"없습니다. 이것 하나면 충분합니다."

소주를 한 잔 털어 넣는 미래의 표정에 자신만만한 미소가 흘렀다.

강호가 조용히 잔을 입으로 가져가며 말했다.

"이봐, 홍 대리! 이게 나한테 재무 설계를 맡기는 거야? 결국, 스스로 판단하고 결정도 알아서 해버릴 건데."

"하하하, 제가 그랬나요? 하지만, 가입은 과장님한테 할 건데요, 뭐."

강호가 다시 한 잔을 따르더니 미래를 빤히 봤다.

"홍 대리! 내가 변액유니버셜, 이거 최소 얼마 동안 부어야 한다고 했지?"

"한 10년 부으라고 하셨죠."

"10년 이상 부을 자신 있어?"

"그럼요, 10년이 뭐예요. 저는 노후에 목돈과 보장을 위해서 지금부터 부으려는 건데요. 못해도 한 30년은 부을 거예요. 노후에는 이것보다 더 나은 게 별로 없다고 하셨잖아요."

"사실, 장기로 붓기만 하면 거기서 거기지. 어떤 상품이냐가 아니라 장기로 유지할 수 있느냐 없느냐 하는 것이 관건이지. 그런데 홍 대리, 정말 자신 있어?"

"네, 자신 있고 말고요."

"그러면 한 달에 얼마나 부으려고?"

"낮에 말했잖아요, 월 70~80만 원 정도 넣을 거라고요."

"그 정도 금액이면 몇 가지 상품에 나누어서 넣는 것이 훨씬 유리할 거야."

"에이, 과장님도. 이렇게 무리 안 하면 그나마 남아 있는 돈, 다 쓰고 말 거예요. 그리고 다른 보험들은 집에서 와이프가 따로 들고 있을 거예요. 그러니 이번에는 제가 하자는 대로 해주세요. 네?"

미래가 워낙 완고하게 버티자 강호는 마지못해 승낙했다. 뭔가 믿는 것이 있는 눈치라 더 깊게 따질 수도 없는 노릇이었다. 게다가 강호 입장에서 어쨌든 실적을 하나 올린 셈이 아닌가.

"홍 대리, 오늘 하루만 더 진지하게 생각해보고 내일 결정하라고. 알겠지?"

"네, 과장님. 생각은 따로 해보겠지만, 특별히 바뀌지는 않을 것 같습니다."

"알겠네. 그리고 자네, 이번 보험 건은 나한테 맡기고 당분간 회사 업무에 최선을 다하게. 우리 조명 업계, 정말 빠르게 진화하고 있다네. 자네도 이 방면에 최고의 달인이 되지 않으면 금방 도태될 거야. 나처럼 말이야. 다음번 승진 기회를 놓치면 나처럼 언제 잘릴지 모르는 처량한 신세가 된다는 거 명심하고, 내 말 알겠지?"

"네, 과장님. 명심하겠습니다. 근데 사실 최근에 업무 방향을 못 잡겠어요. 도대체 뭘 해야 하는지, 출근만 하면 온종일 멍하게 보내는 경우가 너무 많아요."

미래는 술잔을 입에 가져가며 시무룩한 표정을 지었다. 강호는 그런 미래에게 바싹 다가앉으며 진지하게 말했다.

"홍 대리! LED를 파보게. 여기에 자네의 미래가 달렸네. 휴대폰 액정은 물론 LCD 액정도 모두 LED 조명으로 가고 있네. 조만간 식당 간판까지 총천연색의 LED 조명으로 화려하게 바뀔 걸세. 지금부터라도 LED에 미치게, LED에. 내 말 알겠나?"

워낙 강호의 표정이 진지하자 미래는 얼떨결에 대답했다.

"알겠습니다. LED라……. 네, 한번 파보도록 하죠, 뭐. 제가 안 해서 그렇지 한번 한다면 제대로 하잖아요."

두 사람은 그렇게 회사 얘기며, 노후 대책에 대한 얘기, 그리고 개인 가정사를 얘기하며 밤늦도록 술잔을 비웠다. 과거, 회사에서 입지가 좋았던 시절, 두 사람이 이렇게 늦게까지 술을 마셨던 적은 단 한 차례도 없었다.

계절은 어느덧 해가 바뀌고 새로운 1월을 맞았다.

미래가 강호의 도움을 받아 변액유니버설종신에 가입한 지도 벌써 5개월째 접어들었다. 그동안 미래는 LED 관련 책을 사보기도 하고, 궁금한 것이 있으면 경기도 외곽에 있는 스카이조명 공장을 방문해서 궁금증을 해결했다. 때로는 설치 현장에까지 출동해서 LED 관련 기술을 쌓아 나갔다. 미래는 특수가전용 LED 분야보다는 생활조명

LED에 관심이 많았다. 공부를 하면서 2010년 LED 조명 시장이 무려 110억 달러까지 확대된다는 사실을 알게 되었고, 왜 그토록 손강호가 LED를 노래 불렀는지 이제 이해되었다. 하루가 다르게 LED 관련 지식은 쌓여갔고 작지만 몇 개의 수주를 따내면서 김교만 팀장의 칭찬을 받기도 했다. 그러다 보니 집에는 자연 소홀해질 수밖에 없었다. 자연 설희와 사소한 다툼이 종종 발생했다. 그러나 이런 문제는 회사네 입지가 올라가면서 상쇄되었기 때문에 특별히 문제가 되지는 않았다.

정말 큰 문제는 미래의 소비 습관에 있었다. 아내가 모르는 약간의 비상금과 몰래 붓는 보험금을 믿고 과거의 지출 습관이 서서히 되살아나기 시작했다. 최근에는 동창들 모임에도 거의 참석했다. 그러다 보니 푼돈들이 빠르게 사라지기 시작했다. 회사에서 입지가 넓어지는 것과 비례해서 설희와의 다툼도 잦아지던 1월 중순경이었다. 영하 10도의 추운 날이라 미래는 일찌감치 퇴근했다. 설희는 초저녁인데도 불구하고 벌써 침대에 누워 있었다.

"설희야, 어디 아파?"

"몰라, 그냥 속이 메스껍네……."

설희는 말을 하다가 말고 침대에서 뛰쳐나갔다. 손으로는 입을 막은 채였다.

"체했나?"

미래는 혼잣말로 중얼거리며 침대에 누웠다. 잠시 후 설희가 들어오자 미래는 별생각 없이 말을 던졌다.

"설희야! 우리 집이 너무 좁지? 조금 넓혀볼까?"

미래가 말을 마치자 설희는 미래를 힐끔 노려보더니 화장대에 앉았다. 그러더니 신경질적으로 화장을 고쳤다. 한참 화장을 고치던 설희가 뒤를 돌아보며 소리를 꽥 질렀다.

"미래 씨! 뭐, 집을 넓히자고? 아직 우리 집도 없는 형편에! 제발 철없는 소리 좀 하지 마!"

"아니, 철없는 소리라니? 왜 그래, 설희야. 돈 때문에?"

"돈이 문제가 아니야. 미래 씨 같은 정신 상태로는 우리 얼마 못 가서 쫄딱 망할 거야. 이건 분명해."

"아니, 무슨 말을 그렇게 해?"

설희가 와락 돌아앉았다.

"몰라서 물어? 미래 씨는 정말 계획성이 없어도 너무 없잖아. 하루살이처럼 하루하루 그냥 살아갈 뿐 미래에 대한 준비를 전혀 안 하는 사람이잖아?"

설희는 한참 씩씩거리더니 서랍에서 영수증을 꺼내서는 미래 앞에 홱 던졌다. 카드대금 영수증이었다. 어쩐지 평소와 달리 설희가 쌀쌀하다 싶었다. 미래는 순간 망치에 맞은 것처럼 멍했다. 몇 달 전, 은행에 있는 후배의 성화로 카드를 발급받았었다. 꼭 필요한 일이 아니면 절대 안 써야지 작정했지만 그게 어디 쉬운가. 막상 카드가 생기자 카드를 쓸 수밖에 없는 상황은 계속해서 생겼다. 미래는 카드 건으로 설희가 실망했을 것을 생각하니 가슴이 아팠다.

"미래 씨, 정말 너무한 거 아냐? 나는 정말 버스비도 아끼려고 걸어 다니는 판에 미래 씨는 이렇게 펑펑 카드나 쓰고 말이야. 그리고 이 카드는 또 언제 만든 거야? 옛날에 카드 때문에 그렇게 고생을 했는데 아직도 정신을 못 차린 거야? 엉?"

미래는 고개를 들 수 없었다. 그때였다. 설희가 다시 입을 틀어막았다. 그러더니 화장대 서랍을 열고 무엇인가를 꺼내 들고는 밖으로 뛰쳐나갔다. 미래는 무슨 일인가 싶어 따라가려다 말고 서랍을 열어봤다. 미래는 서랍에 남아 있던 조그만 약상자를 집어 들었다.

'임신 진단 시약'

미래는 가슴이 쿵하고 내려앉는 것 같았다.

'그럼…… 임신?'

순간 가슴이 뛰고 이마에 땀이 났다. 미래는 전혀 예상치 못한 일이라 기쁜 감정보다는 그저 당혹스러웠다. 설희를 따라 화장실로 갔다. 화장실 문이 열리자 미래는 기다렸다는 듯이 물었다.

"설희야! 혹시?"

설희는 화장실 문에 기댄 채 가만히 고개를 끄덕였다. 설희의 표정에는 기쁨과 불안이 교차하고 있었다. 미래는 다정하게 설희를 안았다. 머리를 쓰다듬으며 사랑한다는 말을 했지만, 가슴 한구석 돌을 단 것처럼 무거웠다.

"허 참, 정말 말이 안 나오네."

손강호는 어이가 없다는 듯 미래를 날카롭게 쏘아봤다. 미래는 마치 죄인처럼 강호 앞에 머리를 조아리고 있었다.

"과장님, 정말 죄송합니다. 와이프가 이번에 아기를 가졌습니다. 어찌나 입덧이 심하던지 아예 차를 못 타요. 그나마 프리랜서로 뛰던 취재 아르바이트도 지금 할 수 없는 상황입니다. 이해해주세요, 정말 죄송합니다."

"아니 홍 대리! 지금 제수씨 아르바이트 못하는 거랑 자네가 보험을 해약하겠다는 거랑 무슨 상관이 있냐고? 아니 제수씨 수입 보고 보험 가입했던 거야? 엉?"

강호는 팔짱을 낀 채 차갑게 말을 뱉었다. 미래는 연방 머리를 조아리며 죄송하다는 말을 했다.

"꼭 와이프 수입 때문은 아니고요. 원래 개인적으로 여윳돈이 조금 있었는데 그것이 갑자기 바닥이 났지 뭐예요. 그리고……."

"그리고 뭐?"

"여윳돈으로 한 1년 붓다가 보면 진급도 할 것이고 연봉도 올라갈 것이니까 조금만 버티면 충분히 부을 수 있으리라 생각했죠. 와이프한테는 나 혼자 1년 정도 부은 후, 생색 한번 내려던 것이 그만⋯⋯.”

“뭐? 아니 그러면 지금까지 제수씨는 자네가 보험 들고 있는 것을 몰랐다는 거야?”

“⋯⋯네.”

“허 참. 자네 아주 위험한 사람이야. 그리고 정말 대책도 없고.”

“아니, 과장님! 그냥 해약해 주시면 되잖아요. 이렇게 꼬치꼬치 따질 거 없이 말이에요.”

미래가 갑자기 심통이 났는지 언성을 올렸다. 그러자 강호는 미래 앞으로 바싹 다가서더니 싸늘하게 말을 뱉었다.

“이봐 홍 대리, 잘 들어! 처음에 변액보험 들 때 내가 뭐랬어? 10년 이상 장기로 묻어두지 않을 거면 아예 시작도 하지 말라고 내가 분명히 말했을 거야. 생각 안 나?”

강호가 차갑게 말을 뱉자 미래는 잠시 주춤하더니 힘없이 입을 뗐다.

“아 그거야 물론 말씀하셨죠. 근데 사람이 살다 보면 이런저런 사정에 따라서 해약할 수도 있는 거 아닌가요?”

“⋯⋯자네, 지금까지 몇 개월 납입했는지나 알고 있어?”

“여섯 번 부었습니다.”

“잘 알고 있구먼. 최소 10년 이상 부어야 할 장기 변액 상품을 겨우 여섯 번 붓고 이렇게 당당한 거야? 엉? 좋아 그건 그렇고, 자네 이번에 460만 원 납입금 중에 해약하면 얼마나 받을 것 같나?"

"……."

"정말 한심해서. 자네 같은 사람이 많으니까 우리 같은 설계사가 욕먹는 거라고. 조건도 안 되는 사람 수당 받으려고 마구잡이로 가입시켰다고 말이야. 자네 가입할 땐 뭐라고 했나? 뭐, 노후를 위해 한 30년은 묻어둔다고? 내 참."

미래는 강호의 싸늘한 말투에 차츰 두려움을 느꼈다. 강호의 말투로 보아 해약환급금이 형편없을 것으로 충분히 짐작됐다. 강호는 계속해서 다그쳤고 미래는 죄송하다는 말만 반복했다. 결국, 강호는 자신의 설계사 수당을 안 받은 셈 치더라도 해약환급금은 납입금의 절반도 안 될 것이라며 한참 동안 거품을 물다가 "가족 사랑의 참의미도 모르는 놈"이란 딱지를 붙이고는 퇴근해버렸다. 미래는 사무실 앞 벤치에 쓰러지듯 앉았다. '이럴 때 담배라도 한 대 폈으면…….' 미래는 입맛을 다셨다. 이번 보험 해약 건은 돈도 돈이지만 할아버지의 유산을 제대로 실천해보기도 전에 중도에 접었다는 자괴감에 미래는 입술을 꽉 깨물었다. 다가올 여름이면 출산할 2세를 떠올렸다. 그리고 한 푼이라도 아끼려고 아등바등하는 설희를 생각했다. 까닭 모를 눈물이 볼을 타고 주르륵 흘렀다.

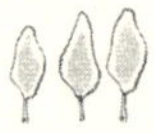

　그로부터 보름 후, 아버지는 미래를 설득해서 중소기업을 운영하는 자신의 친구를 찾아갔다. 최근에 술이 잦은 아들을 위해 자극이 될 만한 계기를 찾던 중, 옛 친구의 연락을 받고 아들을 대동했던 것이다. 그는 무일푼에서 종업원 100명 이상의 중소기업체를 일군 사람으로서 미래한테 좋은 본보기가 될 것 같았다.

　두 사람이 도착한 곳은 안산의 한 공장이었다. 주차된 차들만 50대가 넘을 정도로 공장의 규모는 제법 컸다. 갓 지었는지 공장 외벽은 깨끗했다.

　'명장 특수정밀(주)'

　차에서 막 내리려는 순간, 한 사내가 뛰어나왔다. 큰 키에 굵은 팔뚝의 사내는 팔을 활짝 벌리며 다가왔다. 군살이 없는 몸매였지만 이마에 깊은 주름이 잡혀 있었고 머리는 하얗게 세어 있었다. 아버지는 사내를 명장이라고 불렀다. 사내는 아버지를 번쩍 드는 시늉을 하며 유쾌하게 말했다.

　"여, 이 친구 무슨 바람이 불었나? 내가 그렇게 오라고 해도 안 오더니 말이야."

　"하하하, 내가 제일 자랑스럽게 생각하는 사람이 자네 아닌가. 그

런데 내 아들 녀석이 요즘 길을 잃고 헤매는 것 같아서 자네 생각이
나더라고. 마침 전화가 왔기에 부랴부랴 이렇게 달려왔다네. 좀 이해
해주게나."

아버지가 명장의 허벅지를 툭 치며 말했다. 명장은 너털웃음을 짓
더니 아버지의 어깨를 감싸 안고는 안으로 들어갔다.

"그런데 이렇게 잘생긴 도련님께서 무슨 고민이 있으신가?"

명장이 두 사람 앞으로 커피를 내려놓더니 미래를 빤히 봤다. 미래
는 명장의 눈길을 의식하다가 주저하며 말했다.

"저, 그동안 최선을 다했다고는 할 수 없지만 나름대로 열심히 산
것 같습니다. 직장도 열심히 다녔고, 또 최근에는 크게 낭비하지도 않
았고 말이에요. 저축도 제가 하는 것은 아니지만 집에서 나름대로 부
지런히 하는 것 같기도 하고요. 그런데 항상 사는 것이 빠듯합니다.
조만간 아기가 생기면 한 달 생활비도 곱절로 들 거 같은데 따로 돈
나올 구멍은 없고 정말 갑갑합니다."

미래가 투정부리듯 느릿느릿 말을 했다. 명장은 씩 웃더니 말을 잘
랐다.

"자네, 돈을 벌고 싶다는 말이지? 부자 말이야!"

"……네."

미래가 간신히 대답을 했다. 명장은 다 안다는 듯 미래의 어깨를
툭툭 치더니 말을 이었다.

"내 하나 묻지. 자네, 재산을 축적하기 위해서 가장 중요한 것이 뭐라고 생각하는가?"

"음, 절약을 통한 저축이 가장 중요한 것 같습니다. 그리고 종자돈을 오랫동안 굴려서 복리로 굴리는 것, 이것도 중요하고요."

"하하하, 그 아버지에 그 아들일세. 이 친구, 아들 하나는 잘 키웠네그려. 허허허."

명장은 아버지를 가리키며 호탕하게 웃었다.

"여보게, 모두 맞는 얘기네. 재산 축적의 가장 기본은 꾸준한 저축과 장기 투자에 있는 것은 분명하니까. 그런데 나는 조금 다른 각도에서 접근하고 싶다네."

"네? 다른 각도에서 접근이라 하심은?"

"응, 대부분의 사람은 저축도 하고 주변 등쌀에 못 이겨 장기 보험한두 개는 들고 있지. 사실 우리나라 국민 중에 저축 안 하고 보험 하나도 안 든 사람 어디 있던가? 물론 자네도 당연히 그랬을 것이고."

"네, 맞습니다. 그런데 저는 이마저도 잘 안 되고 있습니다. 모두 당연히 하는 것인데도 저는 실천하기가 생각처럼 쉽지가 않습니다. 왜 그런가요?"

"허허허, 자네가 바로 남자이기 때문이지."

"네? 제가 남자라서 안 된다고요?"

미래는 도저히 이해가 안 된다는 듯 눈을 동그랗게 떴다. 명장이 몇 번 고개를 끄덕이다가 말을 이었다.

"그렇지, 남자는 장기 투자엔 거의 서툴거든. 참을성도 부족하고 급해. 적금이나 보험, 이런 것들은 자기 어머니나 아니면 집에 부인들 몫으로 돌리는 것이 훨씬 유리해. 그래야 성공 가능성도 크고. 안 그러면 대부분 중간에 포기하게 될 거야."

"이야, 귀신이시네요. 저도 중간에 포기하고는 얼마나 홍역을 치렀는데요."

"허허허, 자네만 그런 것이 아니래도. 나도 숱하게 그랬다네. 여윳돈 생기면 적금하나 붓고, 또 목돈 생기면 거치식 펀드에 하나 들고, 이렇게 말이야. 또 보험 하는 후배나 친구들 오면 하나 들어주고, 그러다가 목돈 필요하면 원금 까먹으면서 또 해약하고. 지금까지 이런 짓, 무수히 했다네. 어째 못 믿겠다는 표정이네?"

"네, 정말 믿기지 않습니다. 아니 이렇게 성공하신 아저씨께서 저처럼 보험 들었다가 취소하고, 그걸 계속 반복했다는 게 아무래도……."

"허허허, 그럴 거야. 내가 판단하건대 남자들 대부분은 미래보다는 현재를 사는 경향이 있네. 반면에 여자들은 현재보다는 오히려 미래를 보고 사는 것 같고. 담배도 남자가 많이 피고, 술도 대책 없이 마셔대는 사람들은 남자가 훨씬 많지. 특히 자동차 같은 고가의 사치품을 할부로 쑥쑥 뽑는 사람들 대부분이 남자라는 사실도 주목해야 하고. 추측이네만, 재정 관리를 여자한테 맡기지 않고 남자들이 도맡아서 하는 집이 파산할 확률이 훨씬 높을 거라고 보네."

"네, 저도 그 부분에는 공감합니다."

미래는 긍정의 뜻으로 고개를 끄덕였다. 그동안 급여 관리를 자신이 맡아서 했다면 진즉에 파산했으리라 생각했다.

"아저씨 말씀의 요지는, 재정 관리는 여자한테 완전히 일임하라, 이런 말씀이신가요?"

"그렇다네. 남자들이 어설프게 개입해서 중도에 해지하지 말고, 인내심이 남자보다 훨씬 뛰어난 여자들을 믿자는 것이지. 게다가 미래에 대한 두려움으로 항상 노후를 대비하는 것도 바로 여자들이니까 말이야. 한마디로 남자들이 중간에 나서서 방해만 하지 않으면 여자들은 지치지 않는 기관차처럼 먼 미래를 향해 달려간다네."

미래는 지구력 강한 설희를 생각했다. 계획을 하고 실천하는 데는 자기와 결코 비교가 되지 않을 정도로 설희는 독했다. 두 사람이 다투었던 일도 되짚어 보면, 미래의 소비 습관에 기인한 것이 대부분이었다. 미래가 잠시 생각에 잠긴 사이 명장의 말이 이어졌다.

"미래에 대한 대비는 욕심이 넘치면 분명히 그르친다네. 해서 과욕 부리지 않고, 평소 근검절약이 몸에 배어 있는 여자들이 훨씬 유리하다는 것이지."

"그러면 남자들은 그저 일이나 열심히 하고, 꼬박꼬박 월급 나오면 집에 잘 갖다 주고 뭐 그렇게 하란 말씀이신가요?"

"허허허, 막상 그렇게 말하니까 남자들이 불쌍하게 보이잖은가."

"헤헤헤, 그런가요? 아무튼, 그런 뜻으로 말씀하신 거잖아요."

"따지면 같은 맥락이긴 하네. 앞서도 얘기했네만, 사실 대부분의 사람은 절약하고 적금 붓고 그렇게 살고 있다네. 물론 이마저도 중도에 멈추면서 어렵게 사는 사람들이 태반이긴 하지만 말이지. 모두 그렇게 열심히 살면서도 부자는 쉽게 되지 않는 법이라네. 무엇 때문에 그렇다고 생각하는가?"

"음…… 혹시, 인플레이션 때문이 아닌가요?"

"물론 인플레이션도 연관이 깊기는 하지. 그러나 인플레이션의 영향은 그렇게 크지 않을 거야. 왜냐하면, 똑같은 인플레이션 속에서도 사람들은 계속해서 부자와 빈자로 나뉘니까 말이야."

"네, 듣고 보니 맞는 말씀이시네요. 그렇다면, 모두 절약하고 보험 붓고 하면서도 부자가 못 되는 가장 중요한 이유는 어디에 있나요?"

미래가 상체를 바싹 당기며 물었다. 명장은 조금 기다리라는 듯 웃으며 일어섰다. 잠시 후 명장은 두 사람에게 새로 탄 커피를 내어놓으며 말을 계속했다.

"적게 벌기 때문이지!"

“네? 적게 벌기 때문이라고요?”

“그렇다네, 원인은 바로 그것이야. 다시 말해, 월 소득이 늘지 않기 때문이란 말일세. 모두 덜 쓸 궁리만 하지 더 벌 궁리는 안 하는 거야. 원인은 바로 이것이네!”

“아, 맞네요! 바로 그거였어요!”

미래가 평소 갖던 의문이 일순간에 풀렸다. 등잔 밑이 어둡다고, 결국 자신의 문제도 바로 박봉에 있었다. 미래는 자신의 직책과 급여를 생각했다. 입사 5년차임에도 직급은 여전히 대리였다. 게다가 입사 후 5년간의 급여 인상액은 채 30%에 못 미쳤다. 여태껏 진급을 못했으니 월 소득이 늘지 않는 것은 당연했다. 그런데 물가 상승률은 급여 인상폭과 거의 비슷했다. 결론적으로, 지난 5년간 나이만 먹었을 뿐 미래의 인생은 제자리였다. 그때, 미래의 생각을 비집고 명장의 목소리가 들렸다.

“여보게, 가장 효율적으로 재산을 늘리는 방법이 무엇인지, 이제 감이 오는가?”

“네, 이제 알 것 같습니다. 해답은 바로 본업을 통해 수입을 늘리는 것이었네요. 제가 그동안 이걸 깨우치지 못했습니다. 저는 그저 이리저리 돈 잘 굴리고, 평소에 아껴 쓰고, 뭐 그러면 미래에 대한 보장은 당연히 되겠거니 생각했는데, 제 생각이 짧았습니다.”

“거듭 말하지만, 자신의 본업을 통해서 수입을 확대하는 것이 가장 큰 재테크 엔진이네. 전부들 절약을 통한 저축과 종자돈을 운용하는 데만 신경 쓰는데 물론 이것이 틀렸다는 얘기는 아니네. 다만, 실제 가장 큰 목돈은 수입을 대폭 확대하면서 얻게 될 가능성이 가장 높다는 것이지. 다시 말해, 사회적으로 성공하면서 부자가 되는 경우가 저축과 투자를 잘해서 부자가 되는 경우보다 훨씬 많고 또 쉽다는 얘기야. 이제 내 말뜻을 알겠지?"

"네, 명심하겠습니다."

"그러면 이제 내 얘기를 좀 하겠네. 내가 무일푼으로 시작해서 이만큼이라도 사업체를 운영할 수 있었던 배경에 대해서 몇 가지 말해줄 것이 있거든."

"네, 안 그래도 궁금했습니다. 말씀해주세요, 아저씨."

미래는 궁금한 듯 귀를 쫑긋했다. 미래의 재촉에 명장은 물 잔을 들더니 단숨에 들이켰다. 명장은 시계를 슬쩍 본 후, 단호한 어투로 입을 뗐다.

"가장 먼저, '시간의 달인'이 되게."

"시간의 달인이오?"

"그렇다네. 우리는 중요하지 않은 일들로 인생의 대부분을 소진하고 있다네. 나 또한 마찬가지였고. 나에게도 늘 시간이 모자란다고 불평을 하던 그런 시절이 있었다네. 실제로도 시간이 부족했지만 말이야. 그러던 어느 날, 눈에 확 뜨인 글귀가 있었네."

"어떤 글귀 말인가?"

두 사람의 대화에 침묵으로 일관하던 아버지가 끼어들었다. 명장은 아버지를 향해 빙긋 웃으며 대답했다.

"응, '세네커'의 명언인데 한번 잘 들어보라고. '인간은 항상 시간이 모자란다고 불평을 하면서 마치 시간이 무한정 있는 것처럼 행동한다.' 어떤가, 미래 군. 혹시 자네도 그동안 이러지 않았나?"

"네, 맞습니다. 평소 시간에 쫓기면서도 시간의 낭비가 심했습니다."

"내가 방황하던 시절, 우연히 이 글을 보는 순간 정신이 번쩍 들더라고. '시간이야말로 내가 가진 가장 큰 자산이다. 시간을 활용하지 못하면 나는 영원히 가난에서 벗어날 수 없다.' 이런 생각이 드는 거야."

"시간이 자산이라고요? 음, 이해가 됩니다. 저도 제 개인 일들로 쫓기다 보니 시간을 적절히 활용하지 못하면서 결국 직장 생활도 힘들어졌으니까요."

명장은 고개를 끄덕이더니 노트를 뒤적이기 시작했다.

"여길 보게. 내가 사업 초기에, 뭘 해야 할지 몰라서 허둥지둥하던 시기에 남긴 글이네."

미래와 아버지의 고개가 노트로 향했다. 명장이 보여준 페이지는 너무 닳아서 글씨를 알아보기가 힘들 정도였다.

시간은 효율적으로 쓰면 자산이 되지만 나처럼 바쁘게만 보내면 오히려 시간을 낭비하는 꼴이 되고 만다. 몸만 바쁠 뿐 결국 산적한 일들은 그대로 남아 있게 된다.

시간의 주인이 되기 위해서 중요한 것은 내가 원하는 일, 하고 싶은 일을 하는 것이 아니다. 바로 내가 가장 필요로 하는 일, 내게 가장 절실한 일을 우선으로 하는 것이다.

이를테면 불량품이 대량으로 발견된 이번 출고품을 전량 회수하는 것이, 이번 주말, 동창회에 참석해서 웃고 떠드는 것보다 훨씬 중요하리라. 이런 것이 오랫동안 쌓였을 때, 시간의 주인이 되는 것이 아닌가 생각한다.

지금 당장! 내게 가장 중요한 일이 뭔지 정확히 짚어내고 그 일을 우선으로 하자.

잇몸이 아파서 몇 개월째 고생하고 있다면 지금 당장 치과에 가서 치아를 빼든지, 잇몸 치료를 받든지 하자. 이것보다 더 필요한 일이 무엇이겠는가. 이것이 바로 시간의 주인이 되는 길일 것이다.

아내와 냉전 중이라 일이 손에 안 잡힌다면, 지금 당장, '미안해, 사랑해.' 이런 메시지를 보내야 한다. 그 어떤 일보다 더 중요하고 필요한 일이 아닐까. 이것이 바로 시간의 주인이 되는 최선의 길이다.

결국, 시간의 주인이 되면 시간을 자산으로 활용할 수 있게 될 것이다. 나머지 시간을 활용해서 내가 원하는 많은 일을 이룰 수 있을 테니까 말이다.

아버지와 미래가 쪽지에서 눈을 떼자 명장이 말했다.

"이날은 내 인생이 흑백에서 칼라로 바뀐 날이라고 할 수 있지. 처음으로 시간의 주인이 되려고 결심한 날이니까 말이야. 그 이전의 나는, 한마디로 시간의 노예였지. 매일 시간이 부족하다고 투덜거렸으니 말이야."

그때 아버지가 무릎을 탁 치며 말했다.

"하하, 그랬지. 처음 사업할 때가 기억나는구먼. 자네답지 않게 정말 투정이 많았다네. 얼굴은 항상 불만이 가득했었고 말이야."

"허허허, 내가 그랬나?"

명장이 환하게 웃으며 말했다. 젊은 시절을 생각하며 두 사람은 함께 웃었다.

"어쨌든, 시간이란 게 어떻게 쓰느냐에 따라서 한 가지 일도 처리 못한 채 무기력하게 하루를 날려버리기도 하고, 때로는 열 가지 이상을 완벽하게 처리하기도 하고 말이야. 아무튼, 그 진리를 깨우치고 나니까 그동안 얽혀 있던 많은 일이 그냥 풀리더라고."

다시 명장은 바쁘게 수첩을 뒤졌다. 몇 장을 넘기더니 새로운 페이지를 펼쳐 보였다.

필요한 일은 먼저 하라!

시간의 지배를 받지 않고 시간의 주인이 되려니 무엇보다도 일의 우선순위가 필요했다. 꼭 해야 할 일이 있는가 하면, 하지 않아도 자연스럽게 해결되는 일이 많았다.

반드시 해야 하고, 더구나 잘해야 하는 일에 우선순위를 부여하자. 꼭 필요한 일을 가장 먼저 챙기고, 해결하자.

개인적으로 원하는 일, 예를 들어 낚시나 골프, 등산 같은 레저 생활은 일단 뒤로 돌리자.

그리고 안 해도 되는 형식적인 일, 체면이나 위선 따위의 가면만 벗고 나면 안 해도 되는 일이 얼마나 많단 말인가! 당장 나한테 필요하지 않은 일들인데 말이다.

며칠 전만 해도 그랬다. 내 형편에 부부 동반 제주도 여행이라니!

지금 내게 가장 필요한 일은, 불량품을 회수하고 잃었던 고객의 신뢰를 가장 필요한 일을 가장 먼저 하자!
가장 필요한 일이 내가 해야 할 일의 거의 전부다!
나의 경쟁력은 바로 여기에서 찾아야 한다.

미래와 아버지는 페이지를 다 읽은 후, 명장을 봤다. 명장은 다음에 보여줄 페이지를 찾았다. 미래는 명장의 수첩에 눈길을 주며 조용히 말했다.

"일의 우선순위를 명확히 한다는 것은 어쩌면 매우 쉬운 일인 것 같아요. 하지만, 시간 낭비를 막아주는 데 이보다 더 나은 방법은 없을 것 같네요. 저도, 제게 가장 필요한 일이 무엇인지 한번 찾아보겠습니다."

"반가운 말이야. 사실, 우리가 머리가 복잡할 때 말이야, 해야 할 일이 너무 많아서 그런 것이 아니네. 정말 골치 아픈 일이 뭔지 짚어보면 뜻밖에 한두 가지에 불과할 거야. 예를 들어 어젯밤, 와이프와 대판 싸웠다고 치세. 그러면 직장에 출근해도 일할 기분이 들던가? 온종일 머리만 아프고 일에 집중도 안 될 거야. 그러면 모든 근심 걱정이 물밀듯 밀려오면서 컨디션은 바닥으로 떨어질 거고, 업무는 엉망이 되는 거지. 이럴 때 가장 중요한 일, 당장 필요한 일이 뭔지를 생각하면 되네. 자네는 이 상황에서 가장 필요한 일은 뭐라고 생각하는가?”

“아내와 화해요!”

“그렇지, 바로 그거야. 가장 필요한 것, 와이프한테 먼저 사과하는 것이지. 이것이 온종일 머리를 아프게 했던 것이야. 당장 이것보다 더 필요한 일은 없어. 이것이 해결되지 않으면 다른 어떤 일도 할 수 없을 것이니까. 결국, 와이프를 위해서가 아니라 자기를 위해서 사과를 하라는 것이지. 그냥 전화해서 어제 미안했다고 하면 끝나는 거야. 어때, 간단하지? 와이프가 받아주든 안 받아주든 상관없네. 그러면 정말 신기하게도 머리를 짓누르던 고통은 말끔히 가신다네. 왜 그럴까?”

“매를 맞았으니까요. 헤헤헤.”

“허허허, 일리 있는 말이군. 어쨌든, 그때부터 일이 술술 풀리는 거야. 어떤가? 이제 내 말의 요지를 알겠는가?”

“네, 잘 알았습니다. 가장 고민되는 것을 우선 해결하라는 말씀이네요.”

명장은 만족한 미소를 짓고는 다시 페이지를 넘기기 시작했다. 몇 장을 넘기다가는 팔짱을 끼며 물러섰다. 미래와 아버지는 머리를 숙이고 명장이 넘긴 페이지를 읽었다.

시간에 쫓기는 가장 큰 원인은 미루는 습관이다. 중요한 일과 반드시 해야 할 일을 찾아낸들 실행하지 않으면 무슨 소용이 있는가.

그렇다, 생각이 나면 바로 실행하자! 실제 머리를 아프게 하는 대부분의 일은 따지고 보면 거의 사소한 것이 아닌가. 생각이 나면 그냥 실천하는 거다.

당장 어지러워진 내 주변부터 청소하자. 실제로 방금 10분 정도 땀을 흘렸더니 주변이 말끔해졌다. 그러자 내 머리는 한결 가벼워졌다. 또 뭐가 있을까? 그래, 온종일 마음을 불편하게 만든 토라진 아내와의 화해. 그렇지 내가 먼저 사과하자. 내가 편하기 위해서. 아내는 간단한 내 전화 한 통에 그냥 풀렸다. 아니 이렇게 쉽다니, 믿기지가 않는다. 또 뭐가 있지? 이번엔 공장 임대료다. 건물주에게 이번 달 수금이 어려워서 한 달간 유예를 부탁했다. 그랬더니 흔쾌히 승낙해주는 것이 아닌가. 오히려 정직하게 말해줘서 고맙다고 한다. 정말 오늘 일들이 마치 기적처럼 풀려나갔다. 즉시 실행하면, 단 하루 만에 머리를 아프게 하는 일들의 대부분이 처리된다는 사실을, 오늘 처음 알았다.

내일부터 일단 전화기를 들자!

그리고 어려운 말이라도 일단 꺼내자!
피하면 피할수록 훗날 이자를 듬뿍 얹어야 할 것이니까.

지금 당장 실행하자!
내게 정말 필요한 일들을 할 수 있는 시간을 벌기 위해서!
시간을 자산으로 활용할 수 있기 위해서!

미래와 아버지는 명장이 펼친 페이지를 읽는 내내 머리를 끄덕였다. 평소 미래가 느꼈던 것들이라 쉽게 공감되었다. 실제로 차일피일 미뤘던 것들은 시간이 지나면서 해결되기는커녕 미래를 오랫동안 괴롭히기만 했다. 이때 명장이 미래를 돌아보며 물었다.

"내가 앞서 재테크 엔진에서 가장 중요한 것이 뭐라고 했는가?"

"네, 자신의 본업을 통해서 수입을 확대하는 것이 가장 큰 재테크 엔진이라고 하셨습니다."

"응, 기억하고 있구먼. 그러기 위해서 자네에게 가장 먼저 '시간의 달인'이 되라고 했네. 맞는가?"

"네, 아저씨. 시간의 달인이 되어서 시간을 자산으로 쓰라고 강조하셨습니다. 그러기 위해서 제게 가장 필요한 일을 먼저 하라고 하셨습니다. 그것도 '즉시' 말입니다."

“허허허, 역시 똑똑한 친구야. 그러면 앞으로 ‘시간의 달인’이 될 각오는 섰는가?”

“네, 당장 집에 가면 제 아내를 위해 방 청소라도 하겠습니다. 어제 다퉜거든요. 아저씨 말씀처럼 아내와 불편하니까 사무실에 가서 아무 일도 못하겠더라고요. 그래도 안 풀리면 정말 설거지라도 할 각오입니다. 아무튼, 아저씨가 말씀하시는 ‘시간의 달인’이 되기 위해서, 작더라도 당장 필요한 일을 미루지 않고 처리하는 사람이 되겠습니다. 당장 머리를 아프게 하는 일들이 해결되지 않고는 결코 큰일도 할 수 없다는 것을 깨달았으니까요.”

“훌륭해, 정말 훌륭해.”

명장은 미래의 어깨를 ‘툭툭’ 소리가 날 정도로 두드렸다. 미래는 쑥스럽다는 듯 머리를 긁었다. 잠시 후, 명장은 물을 한 모금 마신 후 입을 뗐다.

“수입을 확대하려면 첫 번째 필요한 것이 ‘시간의 달인’이 되는 것이라고 지금껏 얘기했네. 자, 그러면 수입을 확대하기 위해서 두 번째 필요한 것이 무엇인지 지금부터 배워보도록 하지.”

명장이 말을 마치자 미래는 궁금증에 귀를 쫑긋 세우고 명장을 봤다. 명장은 미래와 아버지를 번갈아 보다가 조용히 입을 뗐다.

“무엇보다도 ‘일의 달인’이 되는 걸세!”

"일의 달인이오?"

"그렇다네, 자기 업무에서 최고의 달인이 되는 것이지. 업무에 최고가 되면 자신은 물론 회사의 발전에 큰 공헌을 하게 되겠지. 그러면 자연스럽게 자기의 가치가 올라가면서 보수도 크게 뛸 거야. 수입을 확대하는 것, 이것 이상의 재테크 엔진은 결코 없다네. 그러기 위해서 자네는 '일의 달인'이 되어야 하는 걸세."

명장이 말을 마치고 물을 마셨다. 그 사이 맞은편 소파에 앉아 있던 아버지가 입을 열었다.

"미래야, 너 작년 이맘때 이 아비랑 눈 굴리기 시합한 거 기억나니?"

"아, 그럼요. 그때 이후 제가 어른이 되었는데요, 뭐. 비록 실천이 잘 안 되고 있어서 최근에 애를 좀 먹고는 있지만 어쨌든 그날의 경험은 평생 잊을 수 없을 거예요."

"나행이구나. 그런데 그때 내가 굴린 눈이 몇 개였는지 기억나니?"

"눈이라고요? 음, 아버지 것은 모두 일곱 개였을 거예요."

"네 것은?"

"저야 그냥 한 개만 열심히 굴렸었죠. 그런데 갑자기 그건 왜?"

"응, 명장이 이 친구 얘기를 듣고 있으니 네 할아버지의 세 번째 유산이 생각나서 말이야."

"아니, 아버지! 세 번째 유산이라고요? 할아버지 유산은 두 개밖에 없지 않나요?"

"기억을 못하는 모양이구나. 그날 산에서 내려오면서 네가 묻지 않았더냐. 혹시 할아버지의 유산이 더 있느냐고."

"아, 맞아요. 그때 아버지가 하나 더 있다고 하셨던 기억이 납니다."

"그랬었지. 그때, 내가 분명히 말하지 않더냐. 훗날 중요한 순간이 되면 할아버지의 마지막 유산은 네게 다리를 놓아주고 길잡이가 되어줄 것이라고 말이야. 아마도 오늘이 그날이 아닌가, 생각되는구나."

"혹시 명장이 아저씨를 만난 것이 할아버지의 세 번째 유산인가요?"

"물론 그것일 수도 있고. 얘야, 잠시 그때 눈 굴리기 게임을 생각해 보자구나. 그때 너는 눈 뭉치 하나를 위해 모든 것을 쏟아 부었을 거다. 반면에 나는 동시에 여러 개의 눈 뭉치를 굴렸고 말이야."

"맞아요, 그때 아버지는 눈 뭉치는 크게 뭉칠 필요가 없다면서 바로바로 언덕으로 굴리셨죠."

"그랬지. 그때 눈 굴리기 게임의 비밀은, 누가 먼저 언덕에서 눈 뭉치를 굴렸느냐에 달렸다고 했을 거다. 덧붙여, 동시에 여러 개의 눈 뭉치가 스스로 굴러 가게 하는 것이 중요하다고 말했을 거다. 눈 뭉치의 크고 작음에 상관없이 말이다. 그러면서 너에게 앞으로 하나의 눈을 굴리려고 모든 것을 쏟지 말라고도 했을 거다. 기억나니?"

"네, 정확한 기억은 안 나지만 대충 비슷하게 말씀하셨던 것 같습니다."

"그런데, 동시에 여러 개의 눈 뭉치를 굴리려면 무엇보다도 부지런

해야 할 것이다. 충분한 시간도 필요하고. 결국, 오늘 명장이 이 친구가 말한 것과 같은 맥락이라는 생각이 드는구나."

아버지가 명장과 미래를 돌아보며 확신에 찬 목소리로 말했다. 이어서 명장이 미래를 보며 천천히 입을 뗐다.

"자네 아버지 얘기가 참으로 공감된다네. 내가 처음으로 공장에 입사했을 때가 열아홉이었는데 그때 워낙 박봉이어서 먹고살기도 빠듯했다네. 저축이나 적금은 아예 꿈도 못 꾸었고 말이야. 내가 첫 적금 통장을 만든 것이 그로부터 2년인가 지나서였는데, 그때 주임으로 승진하면서 급여가 대폭 인상되었기 때문에 가능했었네. 적금 부을 여유가 처음으로 생긴 것이지. 그때부터 급여를 더 받으려고 잔업은 기본이고 토요일 일요일도 없이 공장에서 살다시피 했다네. 그 결과가 어땠을 것 같은가?"

"글쎄요. 계속해서 진급하시고, 월급도 많이 올라가셨을 것 같아요."

"허허허, 입사 후 15년 만에 명장으로 승진했다네. 명장으로 말이야."

"와, 정말 대단하네요. 채 마흔도 안 되셨을 텐데."

"그럼, 서른 중반이었지. 학교도 변변하게 나오지 못한 내가, 회사 사장 다음으로 높은 지위에 오른 것이야. 불과 30대 중반에 말이야. 당시 명장이란 용어도 쓰지 않을 때였어. 공장장 위에 직급이 없으니까 명장이란 최고의 호칭을 붙여주더라고. 그리고 급여는 신입 때와 비교해서 거의 열 배 이상 뛰었지. 나는 그것을 발판으로 적금통장을 무려 여섯 개나 만들 수 있었다네. 자네 아버지 말대로 나는 눈 뭉치 여섯 개를 동시에 굴린 셈이지. 그때 동시에 굴린 여섯 개의 눈이 여기 이 공장을 지을 수 있는 근간이 되었고 말이야.”

“맙소사…….”

미래는 한참 동안 입을 뗄 수가 없었다. 미래가 경이로운 눈빛으로 명장을 바라보면서 간신히 입을 뗐다.

“아저씨는 정말 대단하세요. 저는 결코 아저씨처럼 할 수 없을 거 같네요. 그저 놀라울 뿐입니다.”

미래가 입을 다물지 못하자 명장은 너털웃음을 터트렸다.

“허허허, 자네도 할 수 있네. 어떤 계기만 있으면 누구든 놀라운 사람으로 바뀔 수 있는 법이네. 유명한 스포츠 스타나 예술가, 억만장자 등 성공한 사람들의 과거를 살펴보면 뜻밖에 고달픈 인생이 훨씬 많다네. 직업도 무척 다양했고. 평범했던 그들이 어떤 계기에 의해서 기적을 발휘하게 되지. 나는 자네도 분명히 그럴 것이라고 믿네. 미래 군, 자 그러면 재테크에 대해서 지금까지 생각한 것을 정리해보게나.”

미래는 냉수를 벌컥 들이켜더니 천천히 입을 뗐다.

“……일단, 푼돈이 생기면 녹기 전에 즉시 종자돈으로 만들어야 합니다. 이것이 재테크에서 가장 기본입니다. 그다음, 그

종자돈은 화폐가치 손실을 막으려고 오랫동안 복리 상품에 묻어서 이익을 최대한 키워야 하고요."

미래가 잠시 말을 끊었다. 그리곤 다시 한 번 생각을 가다듬더니 말을 이었다.

"그리곤 본업에 충실해서 수입을 계속 늘려야 합니다. 동시에 눈 덩이를 여러 개 굴리기 위해서는 수입 확대가 무엇보다 필요하니까요. 저한테 가장 필요한 대목도 바로 이것이고요."

잠시 말을 끊었던 미래가 물을 한 잔 벌컥 들이켜더니 말을 이었다.

"수입을 확대하기 위한 방안으로 아저씨가 강조하시는 것이 바로 '시간의 달인', '일의 달인'이 되는 것이고요. 아저씨, 어느 정도 맞았나요?"

짝짝짝.

미래의 말이 끝나자 명장과 아버지는 가볍게 손뼉을 쳤다. 아버지는 미래의 어깨를 두드리기도 했다. 미래는 얼굴이 상기된 채 큰 소리로 말했다.

"이제야 알 거 같습니다. 진정한 재테크의 비밀은 바로 이 세 가지가 모두 결합했을 때라는 사실을 말입니다. 저는 지금껏 돈을 절약하고 투자하는 것만 재테크라고 생각했지 업무의 달인이 되어서 저의 가치를 높일 생각은 추호도 하지 않았습니다. 단지, 회사에 잘리지 않으려고 거의 의무적으로 일했을 뿐이죠. 그러니 지난 5년 동안 여태껏 대리라는 직급을 벗어나지 못했던 겁니다."

"바로 그걸세. 진정한 재테크는 자신에게 엄격한 마음이야. 오랜 세월, 허리띠를 졸라매고 먼 미래를 위해 종자돈을 장기 상품에 묻어둔다는 것이 결코 만만치가 않거든. 모두 특별한 비법이 있는 줄 알지만 절약하고 저축하지 않으면서, 또한 자신을 일의 달인으로 만들지 않으면서 부자가 되는 길은 어디에도 없다네. 모두 이걸 놓치고 있지. 늦은 감이 있지만 자네의 문제점을 스스로 인지했으니 참 다행이네. 앞으로 마음 독하게 먹어야 할 거야. 자네를 대신해서 저축하고 일의 달인을 만들어줄 사람은 자네 외에는 아무도 없을 테니까 말이야. 자, 오늘은 여기까지, 허허허."

명장은 손을 탁탁 털어내는 시늉을 하며 크게 웃었다.

"아저씨, 정말 고맙습니다. 제가 전혀 느끼지 못했던 부분을 알려주셨어요. 이 은혜 절대 잊지 않겠습니다."

미래는 명장을 향해 깊이 고개를 숙였다. 자신을 억눌렀던 모든 고민이 일시에 걷히는 것 같았다. 결국, 자신의 문제는 멀리 있었던 것이 아니었다. 자신의 가치를 높이는 것, 그리고 이것을 위해서 '시간의 달인'이 되고, '업무의 달인'이 되는 것, 바로 그것이었다. 미래는 결심한 듯 어금니를 꽉 깨물었다. 그런 미래를 찬찬히 지켜보던 명장이 마지막 조언을 던졌다.

"미래 군, 자네 인생에서 가장 비싼 것은 돈이 아니네. 바로 시간일세. 한 번 가버린 시간은 영원히 돌이킬 수 없다는 것을 명심하게나. 쉽게 흘려 보낸 시간 속에는 실로 엄청난 기회가 함께 담겨 있는 법이네. 시간만 헛되이 보내는 것이 아니라 그 속에 담긴 수많은 가치를 함께 날려 버리는 것이지."

"잘 알겠습니다. 절대 잊지 않겠습니다. 아저씨, 오늘은 이만 일어나지만 다음에 언제든 또 찾아 봬도 되죠?"

미래는 말을 마치며 자리에서 일어났다. 명장은 쾌활하게 말을 받았다.

"당연하지. 나도 자네 할아버지의 유산 덕분으로 이 위치에 오른 셈인데 그 정도야 못하겠는가. 언제든 환영하네, 하하하."

세 사람은 공장을 나와 주차장으로 천천히 걸었다. 아버지와 명장은 서로 어깨를 다독이며 마지막 인사를 했다. 명장은 돌아서다 말고 미래를 향해 큰 소리로 외쳤다.

"여보게 미래 군! 부디 시간을 허비하지 말게나. 나처럼 나이를 먹어보면 돈보다 더 아까운 것이 시간이라는 것을 절실히 느낄 걸세. 시간은 자네가 생각하는 것보다 몇 배는 빠르다네. 온 나라를 떠들썩하게 했던 88올림픽을 한번 생각해보게나. 아직도 그때의 기억이 생생한데 그게 벌써 20년 전의 까마득한 과거가 되었다네. 그동안에 얼마나 많은 사람이 노인이 되었고, 또 얼마나 많은 사람이 세상을 떠났겠나. 정말 믿기지 않을 정도로 시간은 쏜살같이 지나간다네.”

“정말 그러고 보니 그렇군요. 그땐 제가 초등학생 때였는데, 학교만 마치면 TV 앞에 앉아서 응원했던 기억이 나네요. 휴, 정말 몇 년 전의 일 같은데 벌써 20년 전 일이라니…….”

“마지막으로 내 한마디만 더 하겠네. 오늘이라고 생각했던 일들은 순식간에 어제가 되어버린다네. 자네는 미래를 위해서 살게나. 그러면 결국 현재를 사는 게 되는 거네. 알겠나?”

명장은 말을 마친 후 천천히 손을 흔들었다.

‘미래를 위해 살면 현재를 사는 거다? 미래를 사는 것이…….’

미래는 그 말을 잊지 않으려고 몇 번이나 되뇌었다. 흰머리의 명장이 저만치에서 웃고 있었다. 명장의 모습이 멀어지면서 가물거렸다. 그의 말대로 조금 전 현재였던 것이 또 하나의 과거로 넘어갔다.

그날 밤, 미래는 잠을 이루지 못했다. 한참을 뒤척이던 미래는 벌떡 일어나더니 서랍을 뒤졌다. 잠시 후 검은색 노트를 꺼냈다. 1년여 전, 할아버지의 유산에 대해서 메모해둔 공책이었다.

할아버지의 유산

1 눈은 녹기 전에 뭉쳐라. 처음에는 작은 눈 뭉치로 충분하다
- 푼돈을 아껴라. 오로지 절약뿐!
- 저축을 통해 푼돈을 종자돈으로 불려라.

2 눈 뭉치는 긴 언덕에서 오랫동안 굴려라
- 종자돈이 생기면 복리 상품을 통해 불려라.
- 종자돈은 클 필요가 없으며, 신속하게 굴려라.
- 복리의 마법은 세월의 힘에 있다. 오랫동안 굴려라.

그동안 잊고 지내던 할아버지의 유산을 막상 찾아서 읽자 가슴이 뛰었다. 한참 동안 생각을 정리하던 미래는 할아버지의 마지막 유산을 기록하기 시작했다.

할아버지의 마지막 유산

3 눈은 동시에 많이 굴려라
- '시간의 달인'이 되어라. 가장 큰 자산은 바로 시간이다.
- '일의 달인'이 되어라. 사회적 성공이 최고의 재테크이다.
- 수입 확대를 통해 투자 포트폴리오를 구축하라.

위기일발의 홍 대리, '재테크 천재'로 거듭나다

그해 여름, 미래는 한 아이의 아빠가 되었다. 설희는 큰 고통 없이 여자 아이를 낳았다. 아버지는 손녀딸의 이름을, 황제를 만날 운명이란 뜻의 '시우'라고 지었다. 미래와 설희는 이름이 마음에 든다며 눈도 못 뜬 아이에게 '시우'를 외쳐댔다. 행복한 날의 연속이었다. 그러던 어느 날, 자신의 멘토 중에 유일하게 자신의 성공 비밀을 말해주지 않았던 맨해튼 신사에게 전화를 넣었다. 자신이 아빠가 되었다는 사실도 알려줄 겸 새로운 투자 대상도 물어볼 겸해서 전화를 넣은 것이다. 몇 번의 전화 끝에 맨해튼 신사가 어렵게 연결되었다. 안부를 여쭌 후 미래는 본론으로 들어갔다.

"아저씨, 죄송하지만, 그동안 어떻게 돈을 모으셨는지 구체적으로 말씀 좀 해주실 수 있나요. 부탁드립니다."

"허허허, 전에도 얘기했지만 그냥 운이 좋았을 뿐이야. 그런데도 궁금해?"

맨해튼 신사의 말이 떨어지기 무섭게 미래가 대답했다.

"네, 너무 궁금합니다."

"하하하, 좋아. 그럼 듣고 나서 실망이나 하지 말라고. 별 게 없으니까."

"절대 실망할 일은 없을 거예요."

"허허허, 좋아 내 말해주지. 비밀은 따로 있는 것이 아니네. 돈은 전문가에게 맡기고 나는 그저 일이나 열심히 하자, 이런 생각을 가졌는데 요행히 맞아떨어진 것뿐이야."

"무슨 말씀이세요? 사업을 잘해서 돈을 모으셨다는 말씀이신가요?"

미래가 도저히 모르겠다며 되묻자 맨해튼 신사가 고개를 젓더니 천천히 입을 뗐다.

"내가 한국에 있을 때였네. 그러니까 나한텐 청년기였지. 그때 어설프게 부동산에 투자하다가 전 재산을 거덜 내고 오랫동안 곤욕을 치른 적이 있었네. 해서 미국 가서는 돈을 불리는 투자는 내 영역이 아니니까 직접 하지 말자, 나는 그저 본업에 충실하자, 이렇게 마음먹었지. 그런데 나와 같은 생각의 기사가 경제 주간지에 난 거야. 아마 70년대 초였을 거야. 뉴욕 공항 대기실에 비치되어 있던 경제지에서 젊은 투자자의 인터뷰 기사를 우연히 본 거지. 그 기사의 주인공은 훗날 시스템 매매로 크게 성공한 친군데, 그땐 시스템 매매가 보편적이지 않을 때라 언론의 주목을 받았던 것 같더라고."

"그게 누군가요?"

미래가 짐작되는 것이 있는지 물었다. 그러자 맨해튼 신사는 기다렸다는 듯이 대답했다.

"응, '에드 세이코타'. 자넨 잘 모를 거야. 그러나 월가에서는 '리처드 데니스'나 '존 헨리'와 함께 거의 전설로 통하는 사람이지. 나의 평생 은인이기도 하고. 그때 이 사람을 만나지 않았다면…… 어휴, 생각만 해도 끔찍하구먼."

"에드 세이코타? 도대체 인터뷰 내용이 어땠는데요?"

"기사에 이렇게 났더라고. '돈은 뛰어난 트레이더한테 맡기고, 투자자들은 그냥 자신의 본업에 충실하라!' 이렇게 말일세."

"별로 특이할 건 없네요. 그런데 그 사람, 주식투자 하는 사람 아닌가요?"

"응, 맞네. 자네도 아는가?"

"아뇨, 그냥 트레이더라고 하니 그러리라 추측한 겁니다. 그런데 그 당시 아저씨께선, 주식에 대해서 전혀 몰랐을 시기 아닌가요?"

"허허허, 몰랐지. 나도 처음엔 그 친구가 말하는 것이 주식투자인지 부동산투자인지 전혀 몰랐던 거야. 다만, 인터뷰 기사의 말미에 솔깃한 내용이 있어서 무작정 그를 만나러 간 거지."

"어떤……?"

"응, 거기에 이런 내용이 있더라고. '월가에서 역사적으로 제일 큰 돈을 번 사람은 제시 리버모어라는 투자자이다. 그의 핵심 이론은, 신고가를 돌파할 때 쫓아 들어가는 거래법으로서 일종의 추세 추종인데, 나는 그것을 공식으로 해서 컴퓨터 시스템으로 만들었다. 그리고 그 시스템을 10년간 시뮬레이션으로 돌려본 결과, 놀랍게도 연 수익률이 평균 30%를 넘었으며 누적 수익률은 1,600%에 달했다. 그 어떤 복리 상품도 결코 따라올 수 없는 수익률이 바로 이 추세 추종 시스템으로 가능하다.' 이렇게 말일세."

"휴, 연 수익률 30%요? 그 정도면 엄청 높은 거 아닌가요?"

"그럼, 대단한 수익률이지. 특히 10년간 꾸준하게 올린다는 것은 거의 불가능에 가깝지. 개인 투자자들의 기대치가 워낙 높아서 그렇지, 지구상에 30% 이상 꾸준하게 수익을 내는 상품이나 전문가는 거의 없다고 봐야 할 거야. 세계 최고의 펀드인 '워렌 버핏'의 '버크셔 헤서웨이'나 '조지 소로스'의 '퀀텀 펀드'도 연 수익률 30%에는 한참 못 미쳤으니까 말이야. 아무튼, 당시에 용기 있는 여섯 명의 투자자가 '에드 세이코타'라는 젊은이와 그가 만든 추세 추종 시스템을 믿고 돈을 맡겼다네. 그중 한 명이 바로 나였지."

"네? 아저씨가 그 사람에게 돈을 맡긴 여섯 명 중 한 분이라고요? 와, 정말 소설 같습니다. 제 가슴이 다 뛰네요. 그래서 결과는 어땠나요?"

“허허허, 부디 놀라지 말고 듣게. 그러니까, 지금까지 그 양반이 만든 펀드에서 돈을 빼지 않은 사람은 모두 네 명이라네. 두 명이 돈을 뺐는데, 한 명은 1,500만 달러를 벌어서 직접 운용하려고 인출했고, 또 한 명은 1,000만 달러를 벌어서 해변에 집을 사고 은퇴했다네.”

“헉, 말이 안 나오네요. 그럼 아저씨는요?”

“나? 나는, 아직 그 양반한테 맡겨두고 있지. 계속 이익이 나고 있는데 굳이 멈출 필요는 없지 않은가. 자네 할아버지의 두 번째 유산이 뭔가?”

“눈은 녹기 전에 단단하게 뭉쳐라!”

“그건 첫 번째 유산이고.”

“아, 참. 그렇지. 음, 눈은 긴 언덕에서 오랫동안 굴려라.”

“그렇지, 이익은 최대한 확대하라는 것이 할아버지의 두 번째 유산이자 내 삶의 철학이 아닌가. 해서 지금껏 계속 묻어두고 있다네. 그동안 멈출 기회를 안 주고 계속 굴러 가더라고, 허허허.”

“저, 궁금한 것이 있는데요. 그럼 아저씨는……..”

“묻지 말게. 지금 얼마로 불어났는지 묻고 싶은 거 아닌가. 참게나, 자네 기죽이기 싫으니까. 허허허.”

“네, 추측만 하겠습니다. 그런데 당시에 얼마를 맡기셨는가요? 아저씨를 포함한 나머지 분들이오.”

“음, 대략 5천 달러에서 1만 달러 정도 될 거야. 나는 풍족하지 않을 때라서 5천 달러를 맡겼고."

"네? 겨우 5천 달러요? 그런데 지금 1천만 달러가 넘었다면……. 이건 정말 말도 안 됩니다."

"허허허, 말이 안 된다고 생각하나? 이미 언론에 다 알려진 사실인데도? 미래 군, 이건 소설 속의 이야기가 아닐세, 다 사실이니까. 에드 세이코타의 기록적인 수익률은 지금껏 월가에서 전설처럼 남아 있다네."

"알겠습니다. 의심하지 않겠습니다. 그런데 시스템 매매를 통해서도 복리 수익이 가능한가요?"

"그럼, 어떤 투자 대상이든 재투자가 반복해서 이루어지는 한, 복리 수익이 가능하지. 문제는 중간에 절대 멈추지 않아야 한다는 것이야. 멈추지 않고 오랫동안 반복 투자를 하는 것, 이것이 복리 수익의 유일한 비밀이지."

"네, 알겠습니다. 결국, 어떤 투자 대상이든지 반복 투자로 접근해야 복리의 마법이 발휘된다는 그런 말씀이시네요. 그런데 그 추세 추종 이론이 그렇게 대단한가요?"

"그럼, 우리 인생사도 추세 아닌가. 운동을 함으로써 건강한 사람은 계속 몸이 좋아지는 것이고, 병으로 앓아누운 사람은 계속해서 몸이 나빠지지 않는가. 이것도 일종의 추세지. 철새만 해도 그렇지 않던가. 겨울을 나고자 남쪽으로 이동하면 어디 멈추던가? 계속해서 남쪽으로 날아가는 것이지. 이와 마찬가지로 시장이 방향을 잡고 추세가 형성되면 상당 기간 그 힘을 유지하려는 성질이 있다네. 역사적으로도 수많은 트레이더 중에 가장 빠르게, 가장 안정적으로 수익을 거둔 투자자들 대부분이 추세 추종자였음이 속속 밝혀지고 있다네.”

“구체적인 사례가 있나요?”

“그럼, 언론에서 많이 나왔던 영국 ‘베어링스’ 은행의 파산도 알고 보면 추세 추종자들한테 당한 것이지.”

“아, 영국 여왕의 은행이라는 ‘베어링스’ 은행이오?”

“맞았네. 자네, 이런 쪽으로는 문외한이라고 생각했는데 뜻밖이네 그려, 허허허.”

“아저씨, 저 너무 무시하지 마세요. 이런 역사적인 사실들은 저도 무척 좋아한단 말이에요. 기사를 볼 때마다 항상 스크랩할 정도니까요. 제 기억에 의하면 10년 전, 당시에 일본 증시가 상승할 것으로 본 베어링스의 직원 하나가 일본 닛케이선물을 무리하게 매수하면서 터진 사건이잖아요.”

“정확히 알고 있구먼. 그때가 1995년이었지. ‘닉 리슨’이라는 젊은 파생투자자가 베어링스 자본으로 닛케이선물을 공격적으로 매수했지. 그러다가 시장이 급락하자 무려 22억 달러라는 엄청난 자금을 날리면서 베어링스가 도산하게 된 사건이 바로 그거야. 추세를 역행하고 계속 물타기 매수를 하다가 거대 은행이 허망하게 사라진, 정말 비극적인 사건이지. 그런데 중요한 것은 이때 과연 승자는 누구냐 하는 것이었어. 감히 '베어링스'와 맞상대를 할 정도로 계속해서 매도 쪽으로 배팅한 세력 말이야. 결국, 은행을 무릎 꿇리고 큰 부를 쟁취한 그 집요한 세력 말이야."

"아하, 그들이 바로 추세 추종 하는 사람들이다, 이거죠?"

"그렇지, 당시 '베어링스'의 반대편에서 열매를 따 먹은 사람들은 다름 아닌 추세 추종자 그룹인 '존 W. 헨리' 외 몇몇 추세 추종 펀드들이야. 대부분 추세 추종 시스템으로 거대 은행의 자금을 이겨낸 거지. 물론 거기엔 우리의 에드 세이코타도 있었을 테고 말이야. 아무튼, 그해 엄청난 폭락장에서도 추세 추종 시스템의 수익률은 무려 50% 이상이었다고 하니 더 말해서 뭣하겠는가."

"네, 이 얘기는 저도 인터넷에서 몇 번 본 거 같네요. '존 헨리'라는 분은, 그때 번 돈으로 우리나라 김병현 선수도 잠시 있었던 '보스턴 레드삭스'라는 야구팀을 인수했다는 얘기도 알고 있습니다."

"맞네, 잘 알고 있구면. 이 사건뿐만 아니라 추세 추종자들과 그들이 만든 추세 추종 시스템의 승전보는 곳곳에 퍼져 있다네. 자네도 알 만한 대형 사건으로 하나 더 알아보도록 하지. 음, 자네 롱텀캐피탈(LTCM) 파산 사건에 대해서 알고 있는가?"

"LTCM 사건요? 그건 모르겠는데요."

"롱텀캐피탈 펀드는 노벨 경제학상에 빛나는 천재들이 '효율적 시장이론'으로 무장하고 막대한 자금을 그러모아서 만들었지.”

“‘효율적 시장이론’은 뭔가요?”

“한마디로 시장은 일정한 패턴 안에서 움직인다는 것이지. 주가는 수많은 투자자의 합리성으로 말미암아 많이 떨어지면 올라가고 많이 오르면 다시 떨어진다는 것이지. 그런데 어디 시장이 법칙대로만 가는가?”

“그건 그렇습니다.”

“주식시장의 흐름은 아무도 알 수 없는 것이지. 때로는 희망과 공포의 심리가 모여서 비효율적으로 갈 수도 있다는 말이야. 생각보다 더 많이 상승하고, 생각보다 더 많이 폭락할 수 있는 것이 시장인데 이것을 인정하지 않는 것이 바로 ‘효율적 시장이론’이었지. 반대로 추세 추종자들, 그리고 추세 추종 시스템은, 시장은 우리의 예상을 깨고 사상 최고가를 기록할 수도 있고, 사상 최저점을 깨고 밀릴 수도 있다고 기꺼이 인정하거든. 결국, 1998년 러시아의 채무불이행으로 촉발된 루블화 폭락이 이 천재들을 한 방에 격침시켜버리고 만 것이지. 그들은 떨어진 주가가 평균 가격대로 회복할 것으로 보고 계속해서 매수로 버텼다네. 반면에 추세 추종 시스템은 여전히 매도 포지션을 유지하면서 그들의 실수를 철저히 응징한 것이지. 결코 추세를 역행하지 않음으로써 ‘효율적 시장이론’을 격파한 것이지.”

“야, 재밌네요. 지금 들어도 이렇게 흥미진진한데 당시에는 얼마나 긴박감이 흘렀을까요. 정말 전쟁터를 방불케 했겠어요."

"그럼, 재미있다마다. 돈만 안 잃으면 세상에서 가장 재미있는 것이 이쪽, 투자의 세계지. 허허허."

"하하하, 맞는 말씀이세요. 어쨌거나, 당시에 평균 가격대로 회복할 것으로 믿은 롱텀캐피탈 그룹과, 추세의 방향대로 하락 쪽을 배팅한 추세 추종 시스템과의 한판 승부였네요."

"그렇지. 추세 추종 그룹들은 추세가 진행되고 있는데 추세의 전환을 예측하는 것은 잘못됐다는 것이지. 아무튼, 이때 평균 가격대에 풀 배팅한 롱텀캐피탈은 평균 가격대를 이탈하고 급락하는 바람에 1,200억 불, 우리 돈으로 120조의 손실을 내고 완벽하게 파산하고 말았네. 미래 군, 이들을 꺾고 막대한 돈을 챙긴 상대편이 누군지는 알겠지?"

"추세 추종 그룹, 그리고 그들이 만든 시스템이오!"

"맞았네. 그러면 이제 내 돈이 어떻게 해서 5천 달러에서 1,500만 달러 이상으로 불었는지 이해되겠구먼."

"네, 어느 정도는 이해됩니다. 30년 이상 연 30% 정도의 수익이 복리로 계속 붙어간 것이네요."

"응, 그렇다네. 추세에 배팅하는 시스템은 중간에 멈추지 않고 반복적으로 투자하면서 복리의 효과를 최대한 본 것이지. 전쟁이 나든 오일쇼크가 나든 자동 시스템은 멈추는 법이 없이 스스로 굴러간 것이지. 물론 눈이 오고 폭풍이 와도 시스템은 쉬는 법이 없네, 하하하.”

“하하하, 재미있으시네요. 그러면, 워렌 버핏의 버크셔 해서웨이에 투자한 사람도 복리 효과 측면에서 보면 추세 추종 시스템에 넣어둔 것과 같은 맥락이겠네요.”

“오, 똑똑한데. 그렇지, 성장성 높은 기업이나 펀드에 장기적으로 투자하는 것도 그 어떤 복리 상품에 가입하는 것 이상으로 돈을 불리는 데 효과적이지. 충분히 복리 효과를 본다네.”

맨해튼 신사가 잠시 말을 끊었다. 급한 전화를 받았는지 시간이 얼마 없다는 말을 했다.

“자네 혹시 워렌 버핏의 회사인 ‘버크셔 해서웨이’의 주가가 1주에 얼마 정도 하는지 알고 있나?”

“글쎄요……. 우리나라에서 가장 비싼 주식인 롯데칠성이 1백만 원을 조금 넘으니까 음, 한 1천만 원?”

“허허허, 놀라지 말게. 1주에 1억 원이 넘네.”

“네? 1주에 1억 원이라고요? 그렇다면, 우리나라 최고가 종목의 거의 100배에 해당하네요.”

“허허허, 그런 셈이지. 30년 전, 1주에 12달러로 시작해서 지금 10만 달러가 넘으니 복리도 이런 복리가 없는 셈이지.”

“와, 12달러에서 10만 달러로 불렸다면, 이건 거의 1만 배 이상 수익이 났다는 얘기네요, 불과 30년 만에 말이죠. 정말 복리 수익 분야에서 기네스북에 올려도 될 정도예요. 휴, 정말 워렌 버핏이 왜 위대한 지 이제 이해가 가네요.”

“그럼, 위대하고말고. 워렌 버핏의 주식이 오죽 좋으면 할아버지가 아버지한테 물려주고, 또 그 아버지가 다시 자기 자식한테 물려주면서, 주식으로 대를 잇겠는가 말이야. 1년에 한 번씩 오마하에서 연례주주총회가 열리는데, 여기에는 할아버지, 아버지, 손자 이렇게 3대가 함께 참석하는 경우를 심심치 않게 볼 수 있다는구먼. 30년 전, 12명으로 시작한 주총이 지금은 3만 명이 참석하다고 하니 정말 대단하지 않은가.”

“네, 이건 대단하다고 표현하면 흉일 거 같네요. 정말 위대하다고 해야 할 거 같아요. 저도 그런 분을 찾아서 오랫동안 맡기고 싶네요. 헤헤헤.”

“가능하지. 우리나라에도 언젠가는 ‘버크셔 해서웨이’ 같은 초우량 기업이 탄생하지 않겠는가. 장기 보험이나 펀드도 좋지만 이런 안정적인 투자 대상은 자네 처한테 일임하고 자네는 외환이나 기업 직접 투자 등, 좀 더 공격적인 투자 대상으로 선택의 폭을 넓히도록 하게나. 참, 복리에서 작은 이자 차이는 훗날 시간과 결합하면서 큰 폭의 수익 차이로 벌어진다는 사실은 기억하겠지?”

“네, 기억하고말고요. 어떻게 잊겠습니까. 단 1%라도 더 주는 상품이 있으면 당장 옮길 정도로 요즘은 노후의 눈 덩이를 생각하며 투자한답니다."

"다행이네. 마지막으로 힌트를 하나 주겠네. 투자를 할 때, 하나의 상품에 '올인'하지 말고 반드시 몇 개로 나누게나. 포트폴리오를 10개 이상으로 과도하게 세분하는 것은 분명히 문제지만 그렇다고 한두 개에 집중하는 것은 리스크가 너무 크다네. 자네, 포트폴리오가 뭔 말인지는 알겠지?"

"하하하, 분산투자요."

"허허허, 얕봐서 미안하네. 그럼, 계속하겠네. 하나의 종목이나 상품에 '올인'하는 것은 리스크가 과도한 것은 물론 수익률에도 불리한 법일세. 적정하게 분산투자를 하다 보면 말이야, 투자 대상 중에서 이자나 수익률이 압도적으로 높은 것이 반드시 나올 걸세. 자네는 이 투자 상품 하나 때문에 부자가 될 가능성이 크다네. 지금은 이해가 되지 않겠지만, 훗날 내가 말한 것이 현실로 나타나는 날이 분명히 올 것이네."

맨해튼 신사는 돈을 굴릴 데가 갈수록 적어진다며, 수익률에 대한 기대는 낮추고 꾸준하게 실행하라는 말을 몇 번이나 강조하면서 전화를 끊었다. 돈을 굴릴 대상이 펀드나 변액 상품들을 제외하고 별로 없다는 사실은, 실제로 설희와 지난 1년간 투자 대상을 찾으면서 항상 느꼈던 고민이었다. 이미 선진국에선 거의 마이너스 금리에 돌입한 상태였다. 일본의 은행은, 이자는 고사하고 돈을 맡아주는 것에 대해 고객이 고마워해야 한다는 주장을 펼 정도로 1% 미만의 초저금리를 유지했다. 그렇다고 개인들이 헤지펀드나 국부펀드처럼 원유선물이나 곡물선물 등에 투자할 수는 없는 노릇이었다. 결국, 인플레이션과 저금리 시대의 해결책은 투자 대상을 확대해서 적절한 포트폴리오를 구축하고 무조건 장기로 끌고 가는 방법 외에는 없어 보였다. 미래는 맨해튼 신사의 조언을 받아들여 안정적인 상품과 고수익 상품을 병행해서 포트폴리오를 짜기로 방향을 잡았다. 물론 안정적인 상품은 설희의 몫이고, 자신은 고수익 상품을 노리는 쪽으로 갔다.

　　세 사람의 멘토 덕분에 미래는 몰라보게 변했다. 사내에서는 타임조교로 불릴 정도로 시간을 완벽하게 경영했다. 일의 우선순위를 명확히 함으로써 더는 시간의 노예가 되지 않았다. 반드시 해야 할 일, 자신에게 가장 중요한 일에 총력을 기울였다. 때로는 평소 불편한 관계에 있던 경리과 여직원과 화해를 하기 위해 점심때를 고스란히 날리기도 했다. 그러나 사내 직원들의 불편한 시선 속에 일에 매진하기는 쉽지 않았기 때문에 분명히 필요한 일이었다. 어제는 평소 벼루고 있던 위내시경과 대장내시경 검사를 받았다. 몇 년 전부터 소화가 안 되고 설사가 심했던 미래로선 내시경 검사가 항상 고민거리였다. 검사 결과는, 가벼운 위염 증세라고 했다. 성인들 대부분이 나타나는 증세라고 했다. 미래는 몇 년의 짐을 벗은 것처럼 홀가분했다. 시간을 또 벌었다. 평소 머리를 아프게 했던 일 중 많은 것이 이런 식으로 빠르게 해소되기 시작했다. 필요한 일을 미루지 않고 즉시 실행함으로써 미래는 서서히 시간의 달인이 되어갔다. 이제 나머지 시간은 미래가 원하는 일을 할 만큼 넉넉해졌으며 이것을 LED 연구에 몽땅 쏟았다.

그러던 어느 날, 저녁을 일찌감치 먹고 설희와 TV를 보던 미래는 무릎을 딱 쳤다.

"그래, 저거야!"

미래가 흥분한 목소리로 소리쳤다. 그러자 설희는 눈을 동그랗게 뜬 채 TV를 봤다. 뉴스 채널에는 어선이 불을 밝힌 채 조업을 하고 있었다. 특별한 장면은 없었다.

"미래 씨, 갑자기 왜 그래?"

설희가 미래를 보며 의아한 표정으로 물었다. 미래는 손가락으로 TV를 가리키며 크게 소리쳤다.

“조금 전에 뉴스 봤지? 고유가로 채낚기 어선들이 출항을 포기하고 있다는 뉴스 말이야!”

“그런데?”

“아니, 이걸 보고도 아직 감이 안 와? 채낚기 어선들이 지금 기름 값이 올라서 조업을 포기하고 있다지 않아!”

“미래 씨! 흥분 좀 하지 말고 차근차근 말해봐. 채낚기 어선은 뭐고, 기름 값이 오르는데 왜 채낚기 어선만 조업을 포기한다는 거야. 알아듣게 얘기해보라고.”

“설희야, 내가 최근에 LED에 미쳐 있는 거 알고 있지?”

“응!”

“영업 3팀에서 구리시 전체 가로등을 수주하면서 우리 회사가 거래소에 상장된 것도 알고 있지?”

“응! 그런데?”

“다른 지자체의 가로등을 수주하려고 내가 바짝 몸 달아 있는 것도?”

“아 글쎄, 그 도시 가로등과 채낚긴지 하는 어선과 무슨 상관관계가 있냐고!”

“설희야, 도시 가로등 수주가 의외로 힘든 이유가 뭐냐면, 대부분 도시 가로등이 최근에 설치한 형광등이 많기 때문이야. 형광등이 생각보다 열효율이 좋은 편이라서 굳이 비싼 설치비를 들여가며 LED

로 교체할 필요성을 못 느끼는 것이지. 그래서 그동안 열효율이 나쁜 조명에 포커스를 맞추고 있었고 대량으로 사용하고 있는 곳을 찾고 있었지. 그런데 그걸 오늘 찾은 거야.”

“그게, 채낚기 어선이야?”

“그렇지, 바로 그거야. 설희야 잘 들어봐. 음, 채낚기 어선이라는 것은, 빛을 보면 떼로 몰리는 특성이 있는 오징어나 갈치 등을 잡는 그런 어선을 말해. 방금 TV에서도 봤듯이 배 주변으로 몰린 오징어 떼들을 낚시로 잡아들이는 것이지. 설희야, 그러면 이 채낚기 어선에서 가장 중요한 것이 뭐가 될까?”

미래는 흥분을 삭이며 물었다. 그제야 설희가 미소를 지으며 말했다.

“환한 불! 그러니까 밝은 조명!”

“빙고! 바로 그거야!”

“근데 미래 씨! 거의 반년 동안 가로등 수주를 한 건도 못했는데 이것이라고 쉽게 될까?”

설희는 근심 어린 표정으로 말했다. 미래는 고개를 저으며 자신 있게 대답했다.

“문제는 열효율이야. 도시 가로등은 형광 램프가 많은 반면에 이 채낚기 어선은 거의 메탈 램프를 쓰거든. 가장 열효율이 떨어지는 것이 바로 메탈 램프야. 정확히 알아봐야겠지만 채낚기 어선들이 조업을 포기하는 이유는 배 엔진에 들어가는 기름 때문이 아닐 거야. 그렇다면, 모든 어선들이 똑같이 조업을 포기하는 것이 맞겠지. 지금 뉴스에서도 그랬듯이 채낚기 어선들이 출항을 포기한다고 했지, 명태를 잡는 트롤선이나 고등어나 꽁치를 잡는 선망어선들은 일절 언급되지 않았거든. 확실해. 문제는 바로, 메탈 램프를 켜려고 돌리는 발전기 때문이야. 발전기! 여기에 분명히 엄청나게 많은 기름이 들어갈 거야. 내 결론은 그래."

미래가 얼굴이 상기된 채 말을 맺었다. 어금니를 꽉 깨문 표정에 자신감이 넘쳤다. 설희는 그런 미래가 대견해서 볼을 꼬집으며 살짝 안았다. 미래의 머리는 바쁘게 돌아갔다.

날이 밝기 무섭게 미래는 채낚기 어선에 들어가는 메탈 램프에 관련한 지료를 찾았다. 메탈 램프에 관련한 자료는 많았지만, 채낚기 어선과 관련한 자료를 찾기는 쉽지 않았다. 미래는 불현듯 이런 생각이 들었다. 도대체 '시간의 달인'이 뭔가. 지금 가장 필요한 일을, 미루지 않고 즉시 하는 것이 바로 '시간의 달인'이 아닌가. 미래는 김교만 팀장에게 한 건 올리지 못하면 돌아오지 않겠다고 큰소리치고는 동해로 향했다.

미래는 동해항에 도착하자마자 출항을 포기하고 있던 채낚기 선박의 선주들을 무차별적으로 만났다. 미래의 예상은 적중했다. 그들의 대답은 한결같았다. 한 달에 기름 값만 2천만 원이 넘게 들고 대부분은 메탈 램프를 켜기 위해서 소모된다고 했다. 출항하는 순간 손해라면서 모두 울상이었다. 상당수의 선주는 고유가 시대에 자신들이 최대 희생양이라며 대책을 세워주지 않는 정부에 대해 신랄하게 비판했다.

'됐다!'

미래는 직감적으로 채낚기 어선에 엄청난 사업성이 있음을 포착했다. 메탈 램프는 LED와 극과 극의 열효율을 갖고 있지 않은가. 미래는 스카이조명 공장이 있는 경기도 여주를 향해 차를 몰았다. 미래의 가슴은 터질 듯이 부풀어 올랐다.

그로부터 6개월 동안, 미래가 속한 영업 1팀은 '채낚기 조명' 프로젝트에 결사적으로 매달렸다. 그리고 결국, 그들의 꿈은 이루어졌고 얼마 후 스카이조명 본사 게시판에는 아래와 같은 믿기지 않는 기사가 붙었다.

LED 조명, 바다에 '희망의 빛'을 쏘다

LED 조명이 고유가로 어려움을 겪는 어민들의 시름을 덜어줄 것으로 기대되고 있다. LED 조명 전문업체인 스카이조명은 채낚기용 LED 집어등을 개발해 최근 성능 테스트를 마쳤는데 유류비용을 기존 조명보다 80% 이상 절감할 수 있을 것으로 조사됐다.

10톤짜리 채낚기 어선을 기준으로 기존 1,500W 메탈 램프 40개를 달아 조업을 진행하면 한 달 기름 값 525만 원에 달했으나(리터당 면세유 1천 원 기준), 72W LED조명 52개를 설치할 때는 기름 값이 80% 절약된 105만 원에 불과했다.

국내 채낚기 어선은 오징어와 갈치잡이 어선을 합쳐 총 7,150여 척에 달한다. 집어등을 모두 LED로 대체하면 연간 약 5억 l 의 유류를 절감할 수 있으며, 이산화탄소 배출량도 연간 약 108만 톤을 저감할 수 있을 것으로 정부는 예상했다.

이에 지식경제부는 채낚기 어선의 유류비 경감 해법으로 메탈 램프 집어등을 LED 집어등으로 교체키로 하고, 내년까지 총 26억 원의 정부 예산을 들여 100여 척의 어선에 대해 LED 조명을 달 계획이라고 밝혔다. 1척당 2,200만 원이 소요되는 LED 집어등 교체 비용은 정부가 35%, 지방자치단체가 35%를 지원하며, 선주는 비용의 30%만 부담하면 된다.
전체 채낚기 어선의 LED 시장 규모는 대략 2천억 원에 해당하며, 지자체와 관련 업체인 스카이조명INC는 이 사업을 단계적으로 추진할 것이라고 밝혔다.

〈2008년 7월 서울경제신문, 전자신문 참조〉

영웅이 따로 없었다. 미래는 관련 업계에서 일약 LED 조명 분야의 달인으로 대접받았다. 물론 스카이조명은 연일 언론에 오르내렸고 영업 1팀은 즐거운 비명을 질렀다. 그해 초여름, 미래는 전 사원이 보는 앞에서 사내 표창을 받았고, 얼마 후 과장으로 진급했다. 더 이상 미래를 무시하는 직원은 없었으며 팀장인 김교만까지 미래를 특별히 아꼈다. 이후 스카이조명 기업 IR 담당은 항상 미래의 몫이었고, 자연히 미래의 사내 입지는 튼튼하게 구축되었다.

"홍 과장, 그동안 날 원망 많이 했지?"

손강호와 미래는 지하 호프집에 자리했다. 둘이 함께 자리를 한 것은 거의 반년 만이었다.

"네, 처음에는 원망 좀 했습니다. 분명히 손 과장님께서 본인의 설계사 수당이라도 챙겨준다고 하셔서 은근히 기대를 하고 있었는데 몇 달이 지나도 별말씀이 없으셔서 나중에 서운했었죠. 과장님하고 불편해질까봐 제가 직접 보험사에 알아봤더니 보장성 사업비가 초기에 많이 잡히기 때문에 해약환급이 힘들다고 하더라고요. 그래서 그냥 포기해버렸습니다. 보험사에서는 과장님하고 다른 방법도 많다면서 자꾸 협의하라고 하는데 나중에는 저 자신이 싫더라고요. 이제는 다 잊었습니다. 그래도 이렇게 연락을 주시니 오히려 제가 죄송합니다."

미래는 단숨에 말을 뱉고는 호프를 한 모금 들이켰다. 강호는 미래의 심정을 다 안다는 듯 온화한 미소를 지었다. 이어서 강호는 서류가방에서 서류를 몇 장 꺼내더니 미래 앞으로 내밀었다.

"과장님, 이게 뭔가요?"

"응, 벌써 잊었나? 자네가 그렇게 좋아하던 변액유니버설종신 보험증서 아닌가. 물론 자네 거야."

"네? 제 것은 벌써 해약했지 않나요?"

"아니야, 자네한테는 비밀로 하고 자네 부인, 그러니까 제수씨가 그동안 몰래 붓고 있었어. 해약하기에는 너무 아까워서 제수씨랑 상의해서 결정했지."

"그게 무슨 말씀이세요? 설희와 과장님이 저 몰래?"

"그렇다네. 자네한테 장기 보험의 장점을 알려주고도 싶었고. 그리고 결정적인 것은 해약하기에는 시기적으로 너무 아깝더라고, 해서……."

"과장님…… 저는 그런 줄도 모르고 그동안 원망만 했네요. 죄송합니다. 결과가 어떻게 되든지 과장님의 배려, 잊지 않겠습니다."

"배려는, 자네 말마따나 결과가 좋지 않을까봐 사실 얼마나 조마조마 했는지 모른다네. 뭐."

"아무튼, 감사합니다. 그런데 해약하기에는 시기가 너무 아깝다는 말씀은 무슨 뜻인가요?"

"응 그건 말이야…… 자네, 변액유니버설종신이 왜 고수익이 가능한 상품이라고 했는지는 기억하고 있겠지?"

"그럼요, 주식투자 비중이 높아서 고정금리 상품보다는 고수익이 가능하다고 하셨죠."

"맞아, 그랬지. 그런데 말이야 자네가 해약을 원했던 2008년 10월에 우리나라 주식시장이 거의 바닥권이었거든. 코스피 지수가 2천 포인트에서 불과 1년만에 1,000포인트로 급락했으니까 말이야. 낙폭이 깊으니까 시장에서 바닥론이 솔솔 불더라고. 그래서 평소 알고 지내던 재야 전문가 중에서 여의도에 양음선생이라는 분이 계시는데, 그분과 상의를 했다네. 그분 말씀이 전 세계적으로 지수 PER이 7배 수준에 불과한 나라는 후진국 빼고는 우리나라밖에 없다는 거야. 가장 저평가되었다는 거지.”

“PER이라고요?”

“응, 가치지표 중에서 가장 중요한 지표가 바로 PER이야. 우리말로 ‘주가수익비율’이라고도 하지. 주식가격을 순이익으로 나누어서 내는 지표인데, 이것이 세계에서 가장 낮다는 얘기는 국내 주식가격보다 국내 기업들의 순이익이 가장 높다는 의미가 되는 거야. 게다가 그 주식 전문가는 연기금의 대기 자금과 적립식 펀드에서 환매가 일어나지 않는 점, 게다가 정부의 공격적인 금리인하책을 봐서는 조만간 기관 장세가 크게 펼쳐질 거라는 거야. 결론은, 한마디로 주가 바닥이고 매수 타이밍이라는 거지. 몇몇 다른 전문가들 의견도 대동소이하고 말이야. 해서 난 우리나라 주식시장을 믿기로 했던 걸세. 다행히 자네가 붓는 보험의 주식투자 비중이 워낙 높아서 주식시장 바닥권에서 차마 해약할 수가 없더라고. 해서 자네 부인을 설득해서 당분간 붓기로 한 것이지.”

강호는 말을 끝내며 보험증서를 가리켰다. 미래는 호프를 한 잔 들이켜며 어렵게 입을 뗐다.

“염치없습니다. 제가 무책임하게 포기하는 반면에 과장님께서는 끝까지 책임을 지셨다니, 정말 얼굴을 들 수가 없네요. 다시 한 번 죄송하다는 말씀을 드립니다. 그리고 정말 감사합니다.”

“죄송하기는. 그리고 유니버설이 의미하는, 자유 입출금 제도를 최대한 이용하기 위해서도 당시에 그냥 멈출 수가 없더라고. 1년만 더 부으면 납입금액을 조절할 수 있다는 생각에 조금만 더 버텨보기로 했던 거지. 또 그때가 되면 이 보험의 장점인 납입 중지 기능을 이용해서 잠시 묶어둘 수도 있고 말이야. 아무튼, 자네가 복이 많은지 다행히 주식시장이 급등하면서 해약환급금이 납입금의 거의 80%까지 높아졌다네. 불과 2년도 안 되어서 말이야. 그래서 이제 자네한테 이렇게 보여주는 거네. 정말 하늘이 도왔어.”

“……정말 감사합니다. 하늘이 도운 것이 아니라 손 과장님이 도운 것이네요. 만약에 계속해서 결과가 좋다면 이 모든 공 또한 손 과장님의 것이고요.”

미래는 고개를 숙인 채 연신 감사하다는 말을 했다. 강호는 그만하라는 듯 손을 저으며 말했다.

“사실, 그동안 제수씨의 고통이 컸을걸세. 자네에게 비밀로 붙이고 극도로 궁핍한 생활을 감내하면서까지 몰래 붓기가 어디 쉬운가? 이제 자네도 알았으니 제수씨가 편하게 납입할 수 있도록 앞으로 적극 돕게나.”

“네, 알겠습니다. 마침, 제 연봉도 인상되어서 장기 복리 상품을 하나 찾고 있던터라 참 다행입니다."

"하하하, 이번 건은 정말 운이 좋았다고 치세. 어쨌든 자네도 이번 일을 계기로 꼭 배워야 할 것이 있네. 잠시 조언 한마디 해도 되겠는가?"

"네, 당연하죠. 말씀하세요."

"그럼, 내 한마디 하겠네. 다른 것은 아니고, 자네에게도 노후는 반드시 온다는 사실을 기억하라는 거야. 자네는 지금부터 노후를 걱정하며 항상 대비를 해야 할 거야. 그리고 미래를 위한 준비에는 단기에 이룰 수 있는 것은 아무것도 없다는 것을 기억했으면 하네. 그리고 마지막으로, 자네가 늙었을 때 자네에게 돈을 송금해줄 수 있는 사람은 지금의 젊은 자네밖에 없다는 사실을 절대 잊지 말게나."

'내가 늙었을 때 나에게 돈을 송금해줄 수 있는 사람은 젊은 나밖에 없다?'

미래는 강호의 말을 반복해서 되뇌었다. 그런 사이 강호는 손을 한 번 흔들더니 자리를 떴다. 미래는 한동안 자리를 떠나지 않고 강호가 남기고 간 서류를 보고 또 봤다. 손강호의 배려에 새삼 감사함을 느끼던 미래는 그 순간 오래전 읽은 글귀를 떠올렸다.

'만약 당신이 성공했다면, 그 영광은 모두 당신 주변의 것이다!'

미래는 그동안 자신에게 큰 영향을 미쳤던 우직한과 맨해튼 신사, 그리고 명장과 오늘의 손강호까지, 한 사람 한 사람을 떠올리며 오랫동안 자리를 지켰다.

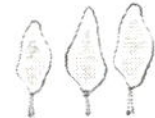

그해 가을, 미래의 딸, 시우의 백일을 목전에 둔 어느 날이었다. 미래와 설희는 통장을 모두 꺼내놓고 중, 장기적인 계획을 새롭게 세우고 있었다. 월 급여를 통해서 관리되는 계좌들은 모두 설희의 몫으로 했고, 상여금과 같은 급여 외의 수입을 통한 투자는 미래가 맡기로 했다. 처음에 정했던, 장단기 상품에 따라 관리자를 분류하려던 계획은 통장 관리에 문제가 있어 약간 방향을 수정했다. 미래는 고수익을 추구하는 투자 쪽으로 결정했다. 물론 설희의 동의도 받았다.

먼저, 장기 상품이었다.

노후 대비를 위한 장기 상품에는 미래가 처음 붓던 변액유니버설종신을 그대로 유지하기로 했다. 주식투자 비중이 높아서 기대 수익도 크고 최소 10년 이상만 부으면 15.4%의 이자 소득세는 물론이고 연 복리로 이율을 불려갈 수 있었다. 특히 자신이 불의의 사고를 당했을 경우, 사망보상금은 가족을 위한 최고의 배려라는 생각에 마음이 든든했다. 이미 2년이 지난 시점이라 납입중지 기능도 가능했고. 자유롭게 납입금액을 조절할 수도 있었다. 또한, 긴급한 자금이 필요할 때는 해약환급금 범위 안에서 중도 인출이 가능해서 유사시에 편리할 것으로 판단됐다.

만약 급여가 인상되면, 인상분의 30%는 별도로 빼서 여기에 추가 납입하며 변액유니버설의 수익률을 극대화하기로 했다. 두 사람에게 노후 자금으로 6억 원 정도가 필요하다는 손강호의 조언에 따라 거치 기간 전에 납입금액을 최소 2억 원 이상으로 끌어올리기 했다. 그러기 위해서 추가 납입 제도를 적극 활용하기로 했다. 추가 납입분을 제외한 급여 인상분은 새로운 상품을 찾아서 투자하기로 했다.

다음은, 중기 상품이었다.

일단 주기는 5년에서 10년 정도를 잡았다. 대략, 5년에서 10년 사이에 찾아올 대소사에 대비한 목적 자금이었다. 설희는 10년 후의 모습을 그려보라는 미래의 물음에 '학부형!'이라고 대답했다. 현재의 극심한 사교육비를 감안했을 때 10년 후의 사교육비는 상상을 초월할 것으로 판단되었다. 미래와 설희는 며칠을 고민하고 알아본 끝에 주식형 펀드에 가입하기로 했다. 10년 전후를 목표로 목적 자금을 운용하기에는 사업비 부담이 적은 적립식 펀드가 가장 적당해 보였다. 역사적으로 주식시장은 항상 팽창해왔고 중국에는 상승 쪽으로 흐르는 것이 시장의 본질이라며 연금 펀드에 장기간 묻어두자는 설희의 말에 잠시 솔깃하기도 했으나 장기 상품을 별도로 붓고 있는 이상, 목적 자금의 성격에 맞게 적립식 펀드로 가기로 했다.

마지막으로, 청약저축은 설희가 결혼 이후부터 지금까지 매월 10만 원씩 따로 붓고 있어서 훗날 내 집 마련을 위해 계속 유지하도록 결정했다.

마지막으로 단기 자금이었다. 두 사람은 별 이견 없이 현재 쓰고 있는 CMA 통장을 유지하기로 했다. 단기 생활 자금은 언제라도 꺼내 쓸 수 있는 것이 가장 중요한데 CMA는 수시 입출금 기능은 기본에다가 현금카드 기능, 체크카드 기능이 가능했다. 그러면서 웬만한 적금 수준인 5% 전후의 이자를 보장했다. 단 하루를 맡기더라도 이자를 받는 CMA 구조는 물가 상승분을 충분히 상쇄시켜주면서, 최소한 돈의 가치는 유지해줬다.

부동산은, 단기 관점에서 접근하기엔 취득세, 등록세의 부담이 컸다. 게다가 부동산 버블에 대해서 전 세계가 거의 동시에 경종을 울리는 터였다. 일단 투자 대상에서 제외하기로 했다. 그렇다고 부동산을 장기 관점에서 접근하려니 환금성이 부족해서 리스크가 컸다. 노후에는 환금성이 무엇보다 우선되어야 했다. 노후의 질병과 기초 생활비 등 현금이 그 어느 때보다도 필요한 시기가 바로 노후가 아닌가. 부동산은 관리도 쉬운 일이 아닌데 별도의 수입이 없는 시기에 재산세, 종부세 등 부동산 관련 세금은 큰 부담이 아닐 수 없다. 아쉽지만 두 사람은 내 집 마련 외에는 부동산 투자에 관해서 일체의 관심을 끊기로 했다.

미래가 1년에 두세 차례씩 받는 상여금은 미래가 투자 대상을 직접 찾아서 운용하기로 했다. 설희의 투자 포트폴리오가 인플레이션을 극복할 정도로 충분하지 않다는 판단에 따라 미래는 약간의 리스크를 안고 고수익을 추구하는 쪽으로 방향을 잡았다.

강호를 통해 양음선생을 소개받은 미래는 그가 선정한 가치주이자 미래성장주인 LG화학, 두산중공업, SK에너지, 삼성전기, 삼성물산 등을 펀드처럼 꾸준하게 사 모으기로 했다. 아울러 국내 유일의 종자 회사인 농우바이오는 토종 먹을거리를 보호하고 후손에게 그 정신을 유산으로 물려준다는 각오로 조정을 받을 때마다 약간씩 편입하기로 했다. 이미 지난 상여금으로 몇몇 종목은 소액이나마 포트폴리오에 편입한 상태였다.

한편, 오랜 고민 끝에 맨해튼 신사처럼 자동매매 시스템에 일부 투자금을 맡길 계획도 세웠다. 주위에 수소문해 자동로직 개발의 국내 1인자인 '이스탁'의 박노직을 알아뒀다. 언제든 급여 외에 목돈을 받는 날이 오면, 그의 도움을 받기로 약속을 해뒀다.

　미래와 설희는 노후 계획은 물론 중, 단기의 재정계획까지 마치고 나서 베란다에 나란히 섰다. 두 사람은 손을 맞잡고 있다가 다정스럽게 포옹했다.

　"미래 씨! 나한테 약속해줘."

　"무슨?"

　"이제부터 먼 미래를 향해 순조롭게 항해하려면 미래 씨의 도움이 무엇보다 필요하거든. 당장 내일부터 푼돈을 아껴서 저축하고, 장기 보험에 돈을 넣고 오랫동안 굴리려면 불편한 것이 한둘이 아닐 거야. 한편, 서글프기도 할 거고 말이야. 미래 씨, 그래도 참을 수 있겠어?"

　"그럼, 그 정도야 충분히 참지. 너랑 우리 시우 생각하면 이 정도는 아무것도 아니야. 설희야, 이제부터 날 믿어줘. 이제 더 이상 손안에서 눈이 녹아 사라지는 일은 없을 거야. 너도 봐서 알겠지만 담배는 벌써 2년 이상 끊었고, 요즘 그 좋아하던 스타벅스도 가지 않은 지가 6개월째야. 다시는 옛날로 돌아가고 싶지 않아."

　"미래 씨, 고마워. 말은 안 했지만 미래 씨가 담배 끊는 거 보고 솔직히 많이 놀랐어. 그동안 미래 씨를 너무 몰랐다는 사실에 혼자서 반성도 했고. 아무튼, 여러모로 고마워, 그리고 사랑해. 내 맘 알지?"

　미래는 대답 대신에 포옹한 손에 힘을 줬다. 20년 후, 30년 후를 생각하며 가만히 입술을 깨물었다. 이제 시작이다. 담배는 완전히 끊었고……. 택시는 아예 타지 않을 작정이다. 점심은 구내식당으로 충분하다. 특별한 경우가 아니면 회식도 자제하고 특히 불필요한 소비를 막기 위해서 백화점 카드는 아예 만들지 않을 작정이다. 미래는 가만히 명장의 말을 떠올렸다.

'부디 시간을 허비하지 말게나. 나처럼 나이를 먹어보면 돈보다 더 아까운 것이 시간이라는 것을 절실히 느낄 걸세. 오늘이라고 생각했던 일들은 순식간에 어제가 되어버린다네. 자네는 미래를 위해서 살게나. 그러면 결국 현재를 사는 게 되는 거네."

명장의 목소리가 마치 어제처럼 또렷했다. 미래는 포옹을 풀고 설희를 바라봤다. 설희의 눈에 눈물이 그렁그렁 맺혀 있었다. 미래는 설희의 어깨를 쓰다듬으며 비장하게 말했다.

"설희야, 이제부터라도 현재를 살기보다는 다가올 미래를 위해 살 거야. 널 위해서, 그리고 우리의 시우를 위해서……."

설희가 와락 안는 바람에 미래는 더는 말을 할 수가 없었다. 두 사람은 오랫동안 그렇게 포옹을 풀지 않았다.

30년 전의 기억

홍미래 사장의 60세 회갑연은 할아버지의 유산이 살아 있는 30년 전의 그 펜션에서 조용하게 치러졌다. 참석자는 아내 설희와 외동딸 시우, 그리고 비서실의 몇몇 직원이 전부였다.

회갑연 당일, 새벽이 깊어가고 있었지만, 미래는 잠을 이루지 못했다. 할아버지의 유산을 물려받던 순간이 어느덧 30년 전의 과거가 되었다. 지나온 삶이 파노라마처럼 펼쳐지며 미래의 마음을 숙연하게 만들었다.

문 입구에 걸린 거울을 봤다. 거울 속엔 이마에 깊은 주름을 한 초췌한 노인이 자신을 보고 있었다. 그 순간 과거 맨해튼 신사가 한 말이 떠올랐다.

'자네에게 노후가 영원히 오지 않을 것처럼 살지 말게나. 아마도 자네가 생각하는 것보다 열 배는 더 빠르게 노인이 될 걸세. 허허허. 그리고 이 말도 꼭 기억하게. 이미 과거에 늙어서 죽었거나 지금 노

인들 모두, 자신이 그렇게 쉽게 노인이 되리라 꿈에도 생각하지 못했을 것이네. 자네라고 예외가 있겠나!'

미래는 거울 속의 늙은 자신을 바라봤다. 이어서 눈을 감고는 고인이 된 아버지의 말씀을 떠올렸다.

'과거에 살았던 대부분의 사람도 똑같이 20년 후, 혹은 30년 후를 생각했지만, 그들 모두는 벌써 늙어서 죽었단다. 지금 지구에 살고 있는 인구의 수십, 수백 배나 되는 과거의 선조들이 막연하게 생각했던 그 미래에 벌써 도달했고, 또 대부분 죽었다는 사실을 기억해야 한다. 그리고 너에게도 반드시 그런 미래가 온다는 사실을 잊지 말도록 해라.'

미래는 머리에 깍지를 낀 채 한참 동안 과거를 회상했다. 참 신기하게도 어제 일저럼 또렷했다. 아마도 나이를 먹을 때마다 두 사람의 말씀을 떠올려서 그러리라 생각했다. 그동안 설마, 설마 했는데 자신도 결국 옛 어른들의 예언대로 이렇게 환갑의 노인이 되고 말았다. 미래는, 노인이 되는 속도가 생각보다 열 배 이상 빠르다는 맨해튼 신사의 말을 떠올리며 잠시 쓴웃음을 지었다.

미래는 회상을 멈추고 고개를 들어 창밖을 봤다. 언덕에 쌓인 순백의 눈이 비쳐 창가가 환했다. 한참 동안 창밖의 풍경을 바라보던 미래는 흠칫 놀랐다. 마당 뒤편에 있는 소나무 기둥에 누군가가 서 있는 것처럼 옅은 그림자가 아롱졌다가는 어둠 속으로 흩어졌다.

조심스럽게 창가에 다가가서 소나무 기둥 밑을 봤다. 거센 바람에 소나무의 그림자가 물결처럼 일렁였다. 한참을 바라보자 소나무의 잔영은 바람에 따라 여러 가지 모습을 만들었다. 어느 순간, 소나무의 잔영은 누군가를 떠올리게 했다. 흐릿한 시야를 타고 형상이 잡히는 순간, 미래는 온몸에 소름이 끼치면서 꼼짝을 할 수가 없었다.

'아, 아버지…….'

미래는 놀라서 손으로 입을 가렸다. 생전의 아버지 모습이었다.

아버지의 잔영은 빙긋이 웃을 뿐 말이 없었다. 미래는 알 수 없는 힘에 이끌려 독백처럼 말을 뱉었다.

'아버지, 너무 보고 싶습니다.'

여전히 미소뿐이었다. 미래는 잔영이 사라질까봐 눈을 부릅뜬 채 속으로 되뇌었다.

'지난 30년, 나름대로 열심히 살았습니다. 손안의 눈이 녹지 않게 항상 절약과 저축을 했습니다, 아버지.'

그러자 아버지의 고개가 가볍게 끄덕이는 것 같았다. 미래는 자신도 모르게 독백을 이어갔다.

'눈 뭉치가 생기면 망설이지 않고 언덕에 굴렸습니다. 지금 이 순간에도 저의 눈 뭉치는 열심히 굴러 가고 있습니다.'

바람 소리가 처음보다 거칠어졌다. 아버지의 잔영은 다시 고개를 끄덕였다. 미래는 힘을 얻어 살짝 입을 뗐다.

"그리고 뼈를 깎는 노력 덕분에 '일의 달인'이 되었습니다. 지금은, 큰 기업체를 운영하고 있습니다."

아버지의 고개가 연방 위아래로 움직이며 '허허허' 웃는 것 같았다. 바람은 더욱 거세어지더니 눈가루를 창가에 흩뿌렸다. 소나무의 잔영은 점점 커졌다.

그때였다. 흐릿해지는 시야 속에 한 노인의 모습이 겹쳐져 나타났다. 낯익은 모습이었다. 미래는 미간을 찡그리며 노인을 살피다가 순간 '헉'하고 비명을 질렀다. 아버지 뒤에서 가만히 손을 흔드는 노인은 아, 할아버지였다. 단 한 번도 본 적이 없었지만, 분명히 자신의 할아버지였다. 평생의 간절한 그리움이 이렇게 이루어질 줄이야. 아버지도 할아버지도 환하게 웃으며 연방 팔을 흔들고 있었다. 미래는 이 광경이 너무 슬펐다. 순간 콧날이 시큰했다. 미래는 기억을 더듬어 아버지의 얼굴을 끄집어냈다. 우스꽝스러운 이마, 짧은 다리. 항상 크게 웃는 정겨운 얼굴. 미래는 아버지를 그리며 아버지가 했던 말을 떠올렸다.

'어이, 아들! 이젠 정말 이 아비 없이도 잘할 수 있지?'

눈이 안 보일 정도로 크게 웃던 아버지의 얼굴이 함께 떠올랐다. 아버지에 대한 그리움에 미래의 눈은 촉촉이 젖어갔다. 미래는 흐르는 눈물을 닦을 생각도 없이 창가에 서서 오랫동안 아버지와 마지막

조우를 했다. 희뿌옇게 새벽이 밝아올 즈음, 바람이 거세어지더니 일순 눈보라가 일었다. 아버지 잔영은 마지막으로 크게 커졌다가는 창가를 스치더니 빠르게 사라졌다. 미래는 한참 동안 허공을 애타게 바라보았다.

다음 날 아침, 미래는 외동딸 시우와 함께 펜션을 나와 눈 덮인 언덕을 오르기 시작했다. 아직 겨울이었지만 날씨는 맑았다. 언덕의 눈은 빛을 받아 눈을 못 뜰 정도로 반짝였다. 미래는 시우와 서로 부축해가며 무릎까지 빠지는 눈을 헤치며 조금씩 정상을 향해 올라갔다. 순백의 눈이 손이며 얼굴에 닿았다. 그 감촉이 보기와 달리 섬뜩할 정도로 찼다. 너무 추웠지만, 할아버지 유산을 생각하고 생전의 아버지를 떠올리자 참아낼 만했다.

다시는 이곳에 올 수 없을 것이란 사실을 미래는 알았다. 만약 이곳에 다시 온다면 자신이 아니라 자신의 딸이나 그 후손이 될 것이다. 언덕을 오른 지 한 시간여, 무릎까지 쑥쑥 빠지는 눈을 거슬러 언덕을 오르려니 숨이 턱에 찼다. 허리가 쑤시는 것은 물론 다리가 덜덜 떨렸다. 중도에 포기하고 싶은 마음이 몇 번이나 들었지만 마지막으로 해야 할 일이 남았다는 생각에 힘을 냈다. 할아버지가 아버지한테 그랬듯이, 아버지가 자신한테 그랬듯이, 자신도 '시우'에게 물려줘야 할 것이 있었다. 바로 할아버지의 유산이었다. 미래는 자신의 아버지가 그랬듯이 산 정상을 향해 쉬지 않고 걸었다. 중간 지점부터는 거의 기어서 올라가면서도 산 정상에 도달할 때까지 절대 멈추지 않았다.

두 사람은 숨을 헉헉대며 간신히 산 정상에 올랐다. 한참 동안 엎드려서 숨을 고른 후 두 사람은 천천히 일어났다. 미래는 손으로 햇빛을 가리며 주변을 둘러봤다. 30년 전과 똑같이 자신의 옆에는 소나무가 한 그루 서 있었다. 그때처럼, 햇살은 눈 부셨고 바람 소리는 거셌다. 30년 전의 기억이 새록새록 돋아났다. 미래는 자신만큼 키가 큰 '시우'를 돌아보며 마른침을 삼킨 후 천천히 입을 뗐다.

"바로 이곳이란다."

33살, 마이너스 인생 탈출기

재판 1쇄 인쇄 2009년 2월 2일
재판 1쇄 발행 2009년 2월 5일

지은이 최승욱
펴낸이 김선식
펴낸곳 다산북스
출판등록 2005년 12월 23일 제313-2005-00277호

PD 임영묵
DD 최부돈
다산북스 임영묵, 박경순, 이혜원, 김다우
마케팅본부 곽유찬, 민혜영, 이도은, 허미희, 박고운
저작권팀 이정순, 김미영
홍보팀 서선행, 강선애, 정미진
광고팀 한보라, 김태수
저작권팀 이정순, 김미영
디자인본부 강찬규, 최부돈, 김희림, 손지영, 이인희
경영지원팀 방영배, 김미현, 이경진, 유진희
미주사업팀 우재오
외부스태프 표지삽화 공존, 본문삽화 문수민

주소 서울시 마포구 염리동 161-7번지 한청빌딩 6층
전화 02-702-1724(기획편집) 02-703-1723(마케팅) 02-704-1724(경영지원)
팩스 02-703-2219
이메일 dasanbooks@hanmail.net
홈페이지 www.dasanbooks.com

필름 출력 스크린그래픽센타
종이 신승지류유통(주)
인쇄·제본 (주)현문

ISBN 978-89-93285-84-0 03320